Fundamentos de comercio exterior y gestión aduanera para el transporte internacional

Fundamentos de comercio exterior y gestión aduanera
para el transporte internacional

Mercedes Fernández Correas
Sara Jiménez Jiménez
Silvia López García

Paraninfo | ESPECIALIDADES FORMATIVAS

Paraninfo

© Autoras: Mercedes Fernández Correas, Sara Jiménez Jiménez y Silvia López García

© Ediciones Paraninfo, SA, 2025
1.ª edición, 2025
C/ Sierra de Guadarrama 35. Naves 2, 3, 4 y 5
Pol. Ind. San Fernando II,
28830 San Fernando de Henares
Teléfono: 914 463 350
clientes@paraninfo.es / www.paraninfo.es

Producción: Nacho Cabal Ramos
Diseño y maquetación: Eva Zuazua

ISBN: 978-84-283-6759-2
Depósito legal: M-2802-2025
(29.956)

Impreso en España
Liberdigital (Casarrubuelos, Madrid)

La editorial recomienda que el alumnado realice las actividades sobre el cuaderno y no sobre el libro.

Presentación

El presente libro desarrolla el Módulo Formativo de **Fundamentos de comercio exterior y gestión aduanera para el transporte internacional** (Código: COMT019PO), con una duración de 20 horas. Pertenece a la familia profesional de Comercio y marketing, y está asociado al área profesional de Compraventa.

La estructura organizativa de sus contenidos corresponde fielmente a la establecida por la normativa vigente y más concretamente a los contenidos del Módulo Formativo de **Fundamentos de comercio exterior y gestión aduanera para el transporte internacional.**

Las unidades del libro se acompañan de multitud de **recursos didácticos** que ayudarán a la mejor comprensión de la materia de estudio:

- Desarrollo del currículo oficial.
- Lenguaje claro y sencillo que favorece la comprensión.
- Explicaciones exhaustivas y rigurosas, pero también amenas y asequibles.
- Gran cantidad de fotografías y tablas explicativas.
- Recuadros con información complementaria.
- Ejemplos reales para ilustrar los contenidos teóricos.
- Actividades finales de comprobación de tipo test y actividades de aplicación en todas las unidades.

Este libro cuenta con el **solucionario** de las actividades incluidas en el libro al que puede accederse previo registro, desde la ficha web de este libro en www.paraninfo.es.

Solucionario disponible en

www.paraninfo.es

Contenido

Conceptos básicos
del comercio exterior

Este epígrafe proporciona una introducción integral al comercio internacional, identificando los actores clave y definiendo sus roles. El tema presenta el vocabulario esencial para las operaciones de importación y exportación. Desglosa el proceso de importación, desde la planificación hasta el despacho aduanero. Se analizan los INCOTERMS, destacando las últimas novedades que afectan las responsabilidades y costos entre compradores y vendedores. Finalmente, aborda la negociación con transportistas e intermediarios, incluyendo la elaboración de contratos de transporte para asegurar transacciones eficientes y rentables.

Contenido

ORIGEN DEL COMERCIO EXTERIOR

El comercio exterior no es una nueva moda del siglo XXI, es tan antiguo como cualquier actividad comercial.

El comercio exterior, como cualquier otra relación comercial, está basada en el intercambio de mercancías y de servicios entre empresas ubicadas en diferentes países (entre residentes y no residentes). Cuando se habla del intercambio entre naciones el concepto recibe el nombre de *comercio internacional*. Las relaciones de intercambio entre los países miembros de la Unión Europea, de la que forma parte España, reciben el nombre de *comercio intracomunitario*.

Los elementos de la relación de intercambio, ya sea exterior o internacional, lleva implícitamente un vínculo de prestación y contraprestación de diferentes elementos: lo que una empresa o país necesita y lo que otra empresa o país puede ofrecer.

Estos elementos son:

- **Bienes**: se trata de mercancías tangibles con pesos, volúmenes tamaños, etc. Dentro de este comercio, el concepto *exportación* determina la salida de bienes de una empresa a otra empresa ubicada en un país extranjero, y el de *importación* a la entrada de bienes de una empresa que han sido fabricados o con procedencia de otra empresa ubicada en otro país (bienes de consumo, bienes de equipo, etc.).

- **Servicios:** son una prestación de actividades, el desarrollo de una destreza intangible de una empresa a otra empresa ubicada en otro país. Al tratarse de servicios y ser intangibles, la exportación o importación de servicios quedará clarificada según sea el movimiento del dinero. Cuando a un país entre dinero procedente de la prestación de un servicio, entonces se trata de una exportación de servicios, y a la inversa, la salida de dinero de un país será importación de servicios (turismo, transporte, sanidad, derechos de autor, *royalties*, asistencia técnica, etc.).

CONCEPTOS CLAVE

- **Exportador:** persona o entidad que envía bienes o servicios a un país extranjero con el propósito de venderlos.
- **Importador:** persona o entidad que compra bienes o servicios de un país extranjero.
- **Agente aduanero:** profesional autorizado para facilitar el despacho aduanero, asegurando que se cumplan todas las regulaciones y requisitos.
- **Organismos gubernamentales:** instituciones gubernamentales responsables de regular y supervisar el comercio internacional.

1.1. Quién es quién en el comercio exterior

En el dinámico mundo del comercio exterior, varios actores desempeñan roles cruciales. Desde los exportadores que envían productos, más allá de las fronteras, hasta los agentes aduaneros que facilitan el paso de mercancías; entender quién es quién es esencial para el éxito en este entorno globalizado.

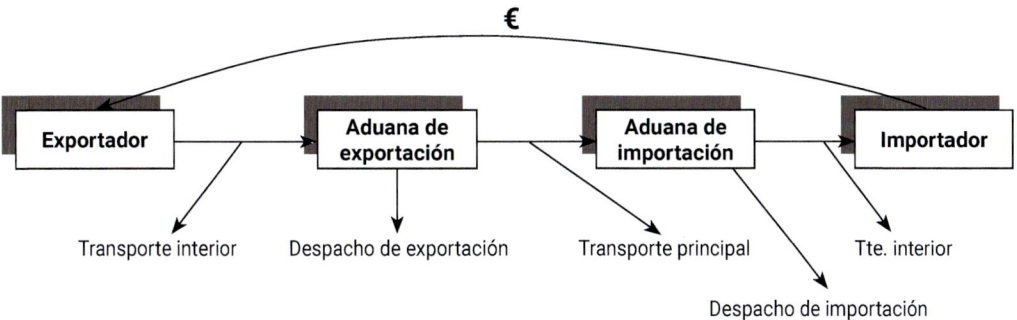

Figura 1.1. Comercio exterior.

1.2. Vocabulario básico para la importación y exportación

La comunicación efectiva en el comercio internacional requiere un dominio del vocabulario específico. Desde términos financieros hasta documentos legales, este epígrafe ilumina el lenguaje esencial para navegar por las complejidades del comercio exterior.

¿Qué es la exportación?

Una exportación es cualquier bien o servicio enviado fuera del territorio nacional. Las exportaciones son el conjunto de bienes y servicios vendidos por un país en territorio extranjero para su utilización.

¿Qué es la importación?

Las importaciones son el transporte de bienes y servicios del extranjero, los cuales son adquiridos por un país para distribuirlos en el interior de este. Las importaciones pueden ser cualquier producto o servicio recibido dentro de la frontera de un Estado nacional con propósitos comerciales.

Es la salida de mercancías del territorio aduanero con destino a otro país, a una zona franca o a un depósito franco con el cumplimiento de los requisitos previstos en la norma.

CONCEPTOS BÁSICOS

- Arancel: impuesto aplicado a bienes importados o exportados.

- Factura proforma: documento que proporciona detalles sobre la transacción comercial antes de que se realice la entrega.

- Certificado de origen: documento que certifica el país de origen de los bienes.

Ejemplo:

Si la empresa A exporta productos a la empresa B, ¿quién es el exportador y quién es el importador?

La empresa A será el exportador y la empresa B es el importador. Un agente aduanero podrá ser contratado para asegurar que todos los documentos y procedimientos aduaneros se gestionen correctamente.

1.3. El proceso de importación

Importar bienes no es simplemente un acto de recepción; es un proceso meticuloso que involucra múltiples pasos.

Antes de realizar una importación, es crucial planificar adecuadamente, considerando factores como la demanda del mercado, la disponibilidad de productos y la regulación aduanera del país de destino.

La correcta preparación, gestión y presentación de documentos, como la Declaración aduanera, es esencial para evitar demoras y cumplir con los requisitos aduaneros.

En este sentido, la mejora de los sistemas de transporte como el marítimo y el aéreo han facilitado mucho las comunicaciones en los últimos años. La optimización de rutas y la evolución de los vehículos, que hacen posible el traslado, ha simplificado y abaratado el proceso de importación.

La implantación de las nuevas tecnologías ha hecho que cada vez sea más frecuente la importación de productos. Por ejemplo, podemos adquirir una prenda de vestir desde la página web de una empresa desde cualquier lugar del planeta sin necesidad de salir de casa.

1.3.1. Etapas del proceso de importación

Para hacer posible la importación de un determinado producto es necesario seguir los pasos que mencionamos a continuación:

- **Búsqueda de proveedores:** se trata de la fase decisiva para poder realizar una buena operación comercial.

- **Financiación:** el cliente debe analizar si es necesario o interesante para su situación obtener financiación que facilite el pago del pedido.

- **Acuerdo comercial:** el acuerdo comercial es fundamental a la hora de cerrar una operación comercial. En este documento vendrá recogida toda la información y condiciones bajo las que se encuentra el contrato.

- **Condiciones de transporte:** el transporte juega un papel fundamental en el proceso de importación. De este modo, en función del tipo de transporte escogido, variarán los tiempos de espera.

- **Trámites aduaneros:** cuando se importa un producto, es necesario realizar todos los trámites y controles aduaneros que recoge la legislación del país receptor.

- **Recepción de la mercancía:** tras superar las fases anteriores, el cliente recibirá sus productos en el lugar determinado y quedará finalizada la operación comercial.

CONCEPTOS CLAVE

- **Declaración aduanera:** documento necesario para el despacho aduanero que proporciona detalles sobre las mercancías importadas.

- **Clasificación arancelaria:** sistema para asignar códigos a productos, determinando los aranceles aplicables.

- **Gestión de inventario:** una gestión eficiente del inventario garantiza que los bienes estén disponibles cuando se necesiten y reduce el riesgo de pérdidas debido a la obsolescencia.

1.3.2. Adjudicación de código arancelario a la mercancía

¿Por qué debe clasificarse una mercancía que se importe o exporte en una partida arancelaria?

La clasificación en un código de una determinada mercancía se hará según la nomenclatura anexa al Convenio internacional del sistema armonizado de designación y codificación de mercancías (SA) o del Arancel aduanero común (AAC) de la Unión Europea.

Este código está formado por grupos de números: seis dígitos (SA), ocho (nomenclatura combinada), diez (TARIC) o más (otras nomenclaturas).

La correcta clasificación arancelaria permite, entre otras cosas:

■ Conocer el importe exacto de los derechos arancelarios y del IVA a la importación que serán aplicables a la mercancía importada.

■ Conocer con exactitud las posibles ayudas de la PAC o de otro tipo en la exportación.

■ Conocer todos los requisitos necesarios para importar o exportar las mercancías, por ejemplo, certificados de importación, certificados sanitarios, licencia de importación, etc.

■ Contribuir a la exactitud de las estadísticas de las transacciones comerciales de importación y de exportación.

Figura 1.2. Código arancelario.

Se puede consultar el código arancelario de las mercancías en la base de datos de la Dirección General de Fiscalidad y Unión Aduanera de la Comisión Europea.

1.4. INCOTERMS: Novedades

Los **incoterms** son términos de tres letras que se utilizan en los contratos de compraventa internacional y sirven para detallar las obligaciones de cada una de las partes implicadas en el proceso respecto a la entrega de la mercancía. El término se refiere a la abreviatura de *International Commercial Terms* o, en español, términos internacionales de comercio.

1. CONCEPTOS BÁSICOS DEL COMERCIO EXTERIOR

La Cámara de comercio internacional (CCI, por sus siglas en inglés) creó estos términos comerciales en 1936 y, desde entonces, se han ido adaptando y actualizando para reflejar la evolución de las prácticas comerciales a nivel global.

¿Cuándo fueron creados y para qué?

Aunque los orígenes del incoterm FOB, el primero en ser creado, se remontan a más de 200 años atrás, los incoterms, como tal, fueron creados por la Cámara de comercio internacional (CCI) en el año 1936.

Desde entonces, la comunidad del transporte internacional ha sido testigo de múltiples cambios y nuevas ediciones de los incoterms como las de 1953, 1967 y 1976, pero durante los últimos cincuenta años, estas revisiones han tenido lugar periódicamente cada diez años, haciéndose efectivas a principios de cada década y dando lugar a los incoterms de 1980, 1990, 2000, 2010 y 2020.

Mientras la edición de los incoterms 1980 introducía cambios motivados por el creciente volumen del tráfico de contenedores, la de 1990 reflejaba el crecimiento del transporte intermodal, la de 2010 persistía en su voluntad de resolver problemas de seguridad y mejorar cuestiones relacionadas con el intercambio electrónico de la información y la última edición, del 2020, se centró en facilitar la comprensión e interpretación, escribiendo cada normativa con un vocabulario más sencillo de entender por todos.

Los incoterms han vivido ya diez revisiones y, aunque en un principio su aplicación se limitaba a tan solo trece países, hoy son utilizados en más de ciento cuarenta países y pueden ser consultados en 31 lenguas diferentes.

Estos han sido los principales cambios en algunas de las más importantes revisiones:

- **1812**: se comienza a usar el término FOB en las Cortes Británicas. Este sería el primer antecedente de las famosas cláusulas de transporte.

- **1895**: pasan 83 años hasta que se crea el segundo incoterm, el incoterm CIF, por la expansión del comercio internacional.

- **1936**: nacen los incoterms tal y como los conocemos. La ICC publica la primera versión con seis incoterms y una serie de reglas para su interpretación. Es la primera vez en la historia que se hace un esfuerzo global para estandarizar las prácticas de comercio internacional.

- **1953**: la primera revisión de los incoterms llega tras la guerra mundial. El transporte ferroviario estaba creciendo y se incorporan tres nuevos incoterms para el transporte no marítimo: *Free on Rail, Free on Truck, Delivered Costs Paid*. También se añade el incoterm EXW.

- **1976**: se introduce el incoterm FOB *Airport* (*Free on Board Airport*) para evitar la confusión en la interpretación del incoterm FOB en el medio aéreo.

- **1980**: con la proliferación del tráfico de mercancías en contenedores se añaden dos nuevos incoterms, FRC que luego se denominó FCA y FCI.

- **1990**: la edición de 1953 es revisada por completo para adaptarse a los cambios en el transporte intermodal. Se añaden cambios para adaptarse al creciente uso del intercambio electrónico de datos (EDI).

- **2000**: se simplifica el formato para que sean más fáciles de usar y se distribuye mejor la distribución de las responsabilidades durante el despacho de aduanas.

- **2010**: se eliminan 4 incoterms (DAF, DES, DEQ, DDU) y se crean dos nuevos, DAT y DAP. El número queda establecido en once. Se añaden modificaciones que obligan a comprador y a vendedor a cooperar en el intercambio de información como medida de seguridad.

- **2020**: la última actualización nos muestra cambios con la desaparición del Incoterm DAT (*Delivered at Terminal*), o entregado en terminal, que pasa a determinarse como DPU, cuyo significado es *Delivered at Place Unloaded* o entrega en el lugar descargado.

Además de estos cambios, en la nueva versión de los Incoterms 2020 se introducen cambios para facilitar la compresión y el uso de las reglas Incoterms a todos aquellos que acceden por primera vez a su conocimiento.

Entre ellos:

- Lenguaje más sencillo, con menor contenido jurídico.

- Más contenido explicativo.

- Mayor desglose en el reparto de costes.

- Relación entre los Incoterms y los contratos de comercio internacional.

- Comparativa de obligaciones entre los once Incoterms.

El **objetivo de los Incoterms es fijar los criterios para la distribución de los costes y riesgos** de cada una de las partes involucradas en una operación de comercio internacional. En una compraventa internacional, además del comprador y el vendedor, intervienen en el proceso actores como el transportista o los funcionarios de aduanas en los puertos y aeropuertos que una mercancía atraviesa. Para facilitar y agilizar el proceso, los Incoterms forman una suerte de lenguaje comercial internacional, ya que los códigos son comunes para todos los países independientemente de su idioma.

¿Por qué son importantes los Incoterms?

Los importadores y exportadores deben considerar qué Incoterms son los más adecuados para ellos antes de negociar el contrato de venta. Esto puede evitar costes inesperados y complicaciones innecesarias.

Elegir un Incoterm significa estar en consonancia con el proveedor. Ayuda a que todo el mundo esté de acuerdo en los procedimientos de envío cuando están involucradas varias partes y partes interesadas. Estos términos, aceptados a nivel mundial, garantizan el pago oportuno de los bienes, servicios y aranceles, al tiempo que protegen a los proveedores, transportistas y compradores.

1.4.1. Tipos de Incoterms

Los Incoterms **regulan cuatro aspectos** clave en un contrato de compraventa internacional:

- **Reparto de los gastos:** sirven para determinar hasta qué momento y lugar el vendedor debe asumir los gastos que ocasiona el contrato de compraventa.

- **Transmisión del riesgo:** el comprador conoce a partir de qué momento y lugar corren por su cuenta los riesgos en que incurren las mercancías durante el transporte.

- **Lugar de entrega de la mercancía:** una vez formalizada la transacción, el vendedor tiene la obligación de entregar el bien al comprador. Esa entrega se puede realizar de forma directa o a través de un intermediario, transportista o transitario. El Incoterm que se aplique señala el lugar exacto donde el vendedor debe depositar la mercancía y donde la recogerá el comprador.

- **Trámites aduaneros:** el vendedor se encarga de tener en orden los documentos necesarios para la exportación. La excepción es el incoterm EXW, que implica que la venta se hace sin despacho aduanero de exportación, por lo que el comprador será el responsable de reunir la documentación necesaria y asumir los costes.

La clasificación de los incoterms que realiza la Cámara de comercio internacional distingue **cuatro categorías** diferentes que tienen en cuenta dónde se realiza la entrega de la mercancía y la responsabilidad que asume cada una de las partes (ver Figura 1.3 en la página siguiente).

- **Grupo «C»:** CPT, CIP, CFR y CIF

    Significado de los Incoterms®: Con CPT, CIP, «Coste y flete» (CFR) y «Coste, seguro y flete» (CIF), **el transporte principal es pagado por el vendedor**, pero los riesgos se transfieren cuando las mercancías se entregan al primer transportista. Dos de estos términos obligan al vendedor a asegurar las mercancías a favor del comprador.

    El vendedor es responsable de suscribir el contrato principal del transporte, de elegir un transportista y de controlar los costes de transporte; organiza la entrega de las mercancías al lugar de carga del transporte principal, donde también se transfieren los riesgos al comprador. Es responsable de los servicios de despacho de aduanas de exportación.

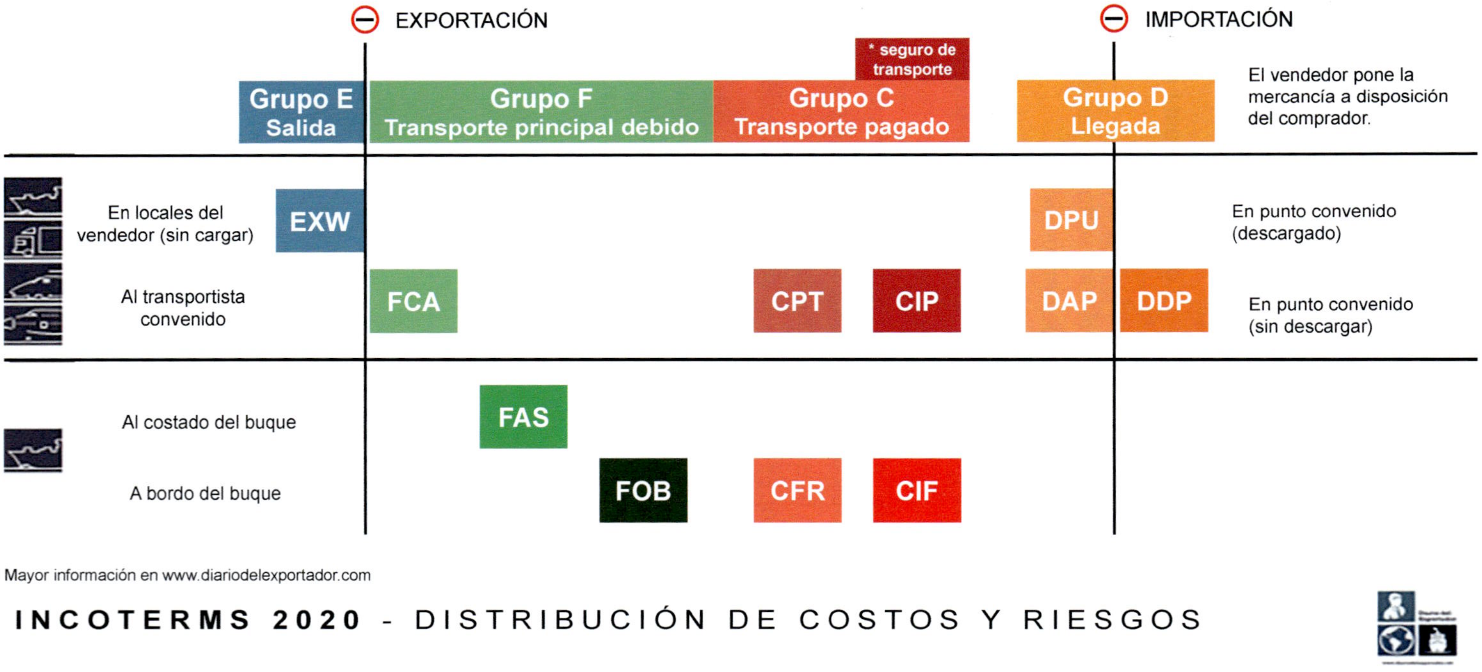

INCOTERMS 2020 - DISTRIBUCIÓN DE COSTOS Y RIESGOS

Mayor información en www.diariodelexportador.com

- **Grupo C:** con pago del transporte principal.
- **Grupo D:** entrega directa en el punto de llegada.
- **Grupo E:** entrega directa a la salida.
- **Grupo F:** sin pago del transporte principal.

Figura 1.3. Incoterms 2020.

El comprador asume los riesgos del daño o la pérdida de la carga durante el transporte principal. También depende de que el vendedor proporcione la información correcta al transportista principal. Es responsable de los servicios de despacho de aduanas de importación.

- **Grupo «D»**: DPU, DAP y DDP

  Significado de los Incoterms®: El grupo de **«entrega completa»** incluye «Entregado en el lugar descargado» (DPU), «Entregado en el lugar» (DAP) y DDP. **El vendedor asume la mayoría de los costes y obligaciones**, que se transfieren al comprador cuando este recibe las mercancías en el país de destino.

  El vendedor es responsable de suscribir el contrato principal del transporte, de elegir un transportista y de controlar los costes de transporte; organiza la entrega de las mercancías en el lugar de carga para el transporte principal, donde también se transfieren los riesgos al comprador. Es responsable del despacho de aduanas de exportación y también del de importación en el caso de DDP.

  El comprador es responsable de descargar la carga en el lugar de transferencia de la mercancía (excepto con DPU).

- **Grupo «E»**: EXW: los envíos EXW ponen casi **todas las obligaciones** bajo la **responsabilidad del comprador.** Se transfiere al destinatario en el momento y la ubicación inicial del envío.

  El vendedor garantiza la transferencia de las mercancías al comprador en la ubicación seleccionada.

  El comprador organiza toda la entrega desde el lugar de carga, incluyendo el transporte principal, y asume todos los riesgos desde el momento en el que acepta las mercancías que le proporciona el vendedor (esto incluye los servicios despacho de aduanas de exportación).

- **Grupo «F»**: FCA, FAS y FOB

  Significado de los Incoterms®: con «Franco transportista» (FCA), «Franco al costado del buque» (FAS) y «Franco a bordo» (FOB), **el vendedor no paga el transporte principal** y las mercancías se transfieren en el lugar acordado por las partes interesadas en el **país del vendedor.**

  El vendedor despacha el envío para la aduana de exportación; entrega la carga en un lugar de envío acordado.

  El comprador es responsable de suscribir el contrato principal de transporte, de elegir un transportista y de controlar los costes de transporte; es responsable de los derechos de aduana de importación.

1.4.2. Clasificación y explicación de cada Incoterm

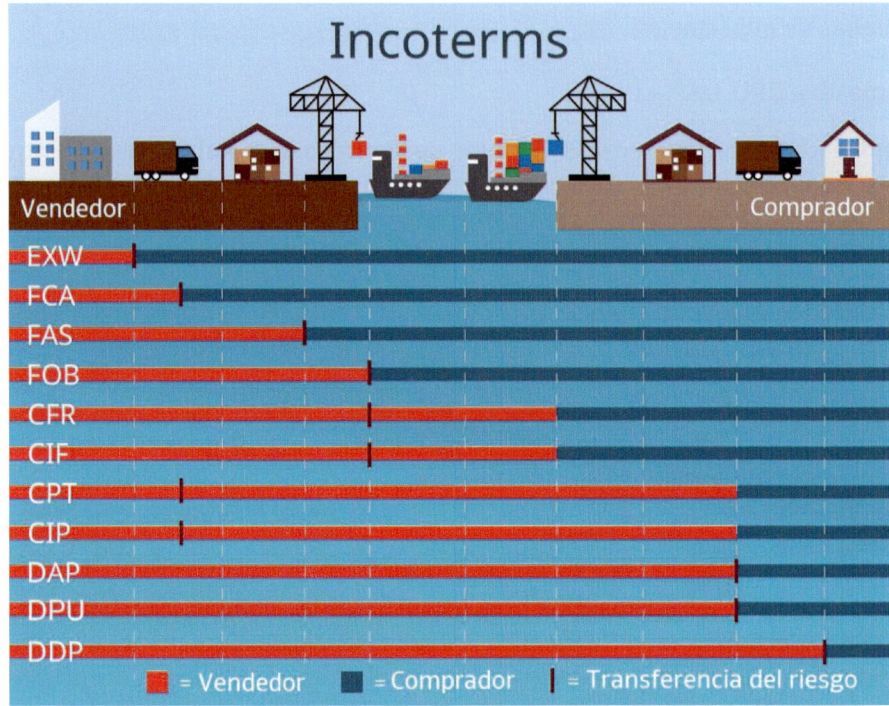

Figura 1.4. Escena Incoterms 2020.

Para comprender mejor su funcionamiento, vamos a explicar algunos ejemplos concretos:

- **EXW (Ex Works – en fábrica):** el vendedor pone a disposición del comprador las mercancías en su propio almacén. Supone la entrega en origen y, por lo tanto, todos los gastos que se produzcan a partir de ese punto corren a cargo del comprador.

EXW

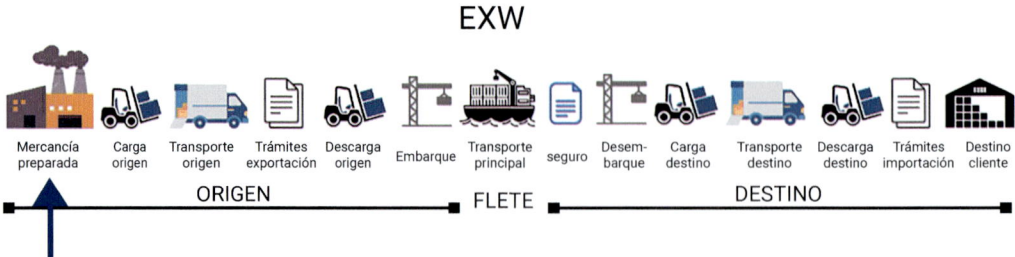

Figura 1.5. EXW.

- **FCA (*Free Carrier* o libre transportista):** el vendedor entrega el bien en un punto acordado y asume los costes y riesgos hasta completar esa entrega, incluidos los del despacho de exportación. El comprador, en tanto, asume los gastos desde la carga a bordo hasta la descarga.

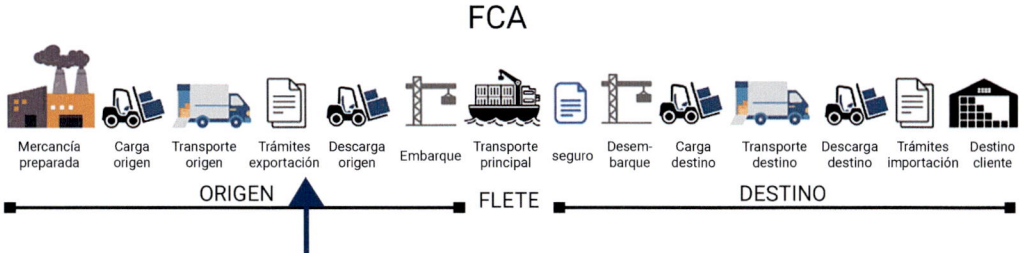

Figura 1.6. FCA.

- **FAS (*Free Alongside Ship* o libre al costado del buque):** el vendedor entrega la mercancía en el muelle de carga del puerto de origen y asume tanto los gastos hasta la entrega como los trámites aduaneros. El comprador se encarga de la gestión de la carga a bordo, el flete y demás gastos hasta destino, además de asumir seguros, riesgos y gastos de importación.

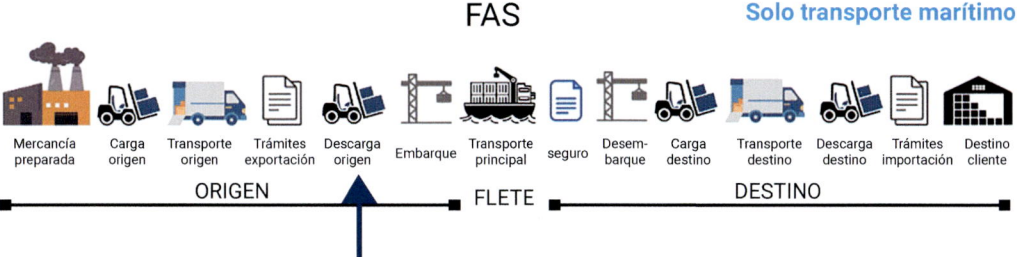

Figura 1.7. FAS.

- **FOB (*Free on board* o libre a bordo):** el vendedor es responsable de los gastos y los riesgos hasta que se carga la mercancía en el medio de transporte en origen. El comprador pagará el flete, la descarga, los trámites y la entrega en destino.

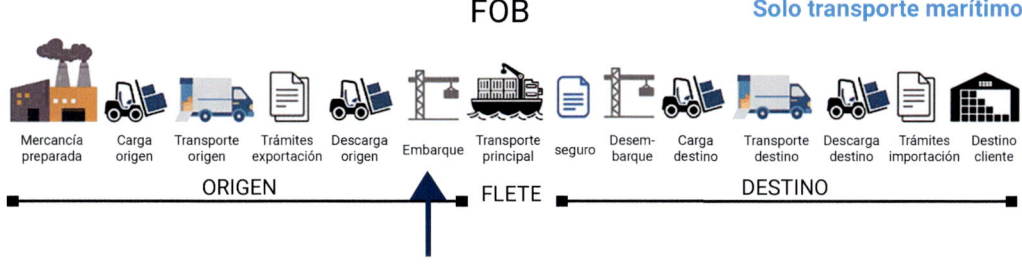

Figura 1.8. FOB.

- **CPT (*Carriage Paid To* o transporte pagado hasta):** el vendedor correrá con todos los gastos hasta la llegada al puerto o estación de destino, excepto el seguro.

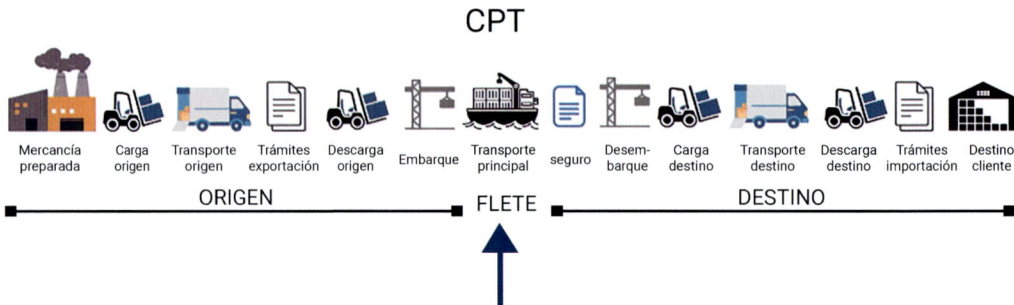

Figura 1.9. CPT.

- **CFR (*Cost and Freight* o coste y flete):** el vendedor paga los gastos y el flete necesarios para hacer llegar la mercancía al puerto de destino que ambas partes hayan acordado.

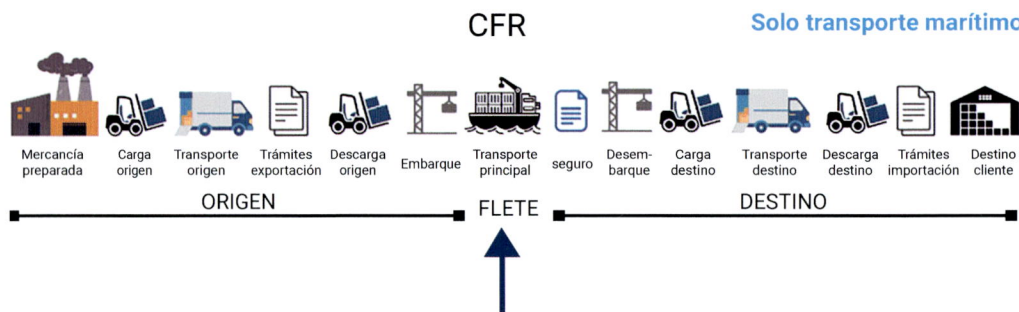

Figura 1.10. CFR.

- **CIP (*Carriage and Insurance Paid To* o transporte y seguro pagados hasta):** igual que CPT y CFR, pero, en este caso, el vendedor se hace cargo del seguro.

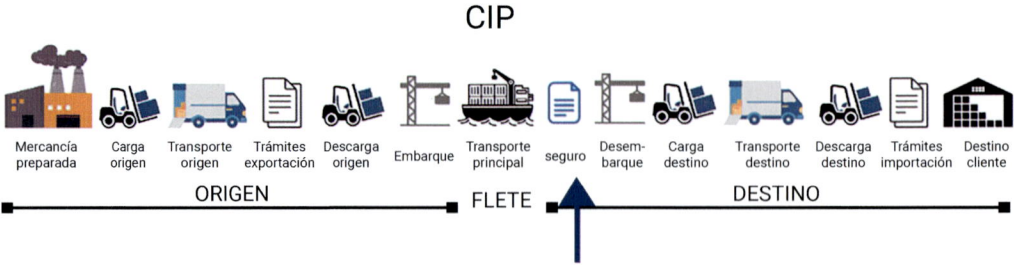

Figura 1.11. CIP.

- **CIF** (*Cost, Insurance and Freight* o **coste, seguro y flete**): igual que CPT y CFR, pero, en este caso, el vendedor se hace cargo del seguro.

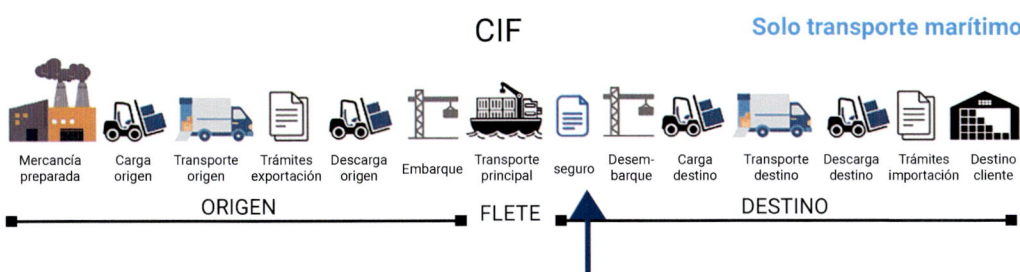

Figura 1.12. CIF.

- **DAP** (*Delivered at Terminal* o **entrega en terminal**): el vendedor es responsable de realizar la entrega de la mercancía en la terminal de carga elegida por el comprador en el lugar de destino acordado.

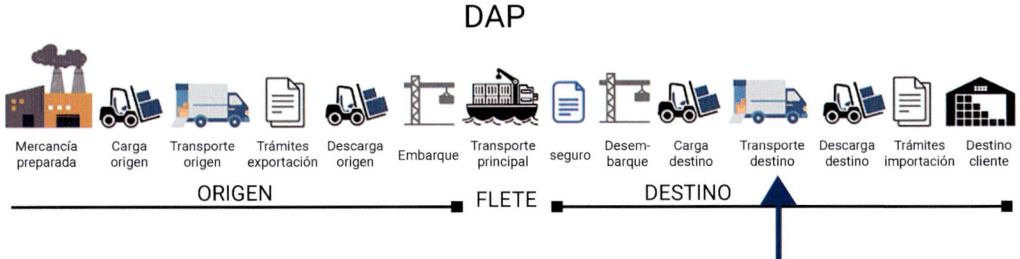

Figura 1.13. DAP.

- **DPU** (*Delivered at Place Unloaded* o **mercancía entregada y descargada en lugar acordado**): el vendedor se hace cargo de todos los gastos hasta que la mercancía está a disposición del comprador, excepto de los trámites de importación.

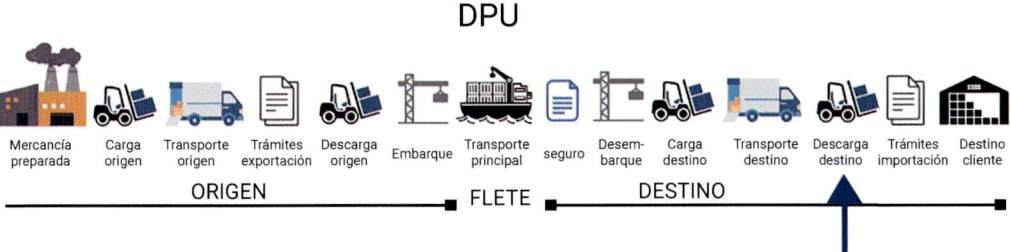

Figura 1.14. DPU.

■ **DDP (*Delivered Duty Paid* o entregado derechos pagados):** el exportador se hace cargo de todos los gastos, incluidos los trámites de importación, pero normalmente no corre con los gastos de la descarga en el almacén de destino.

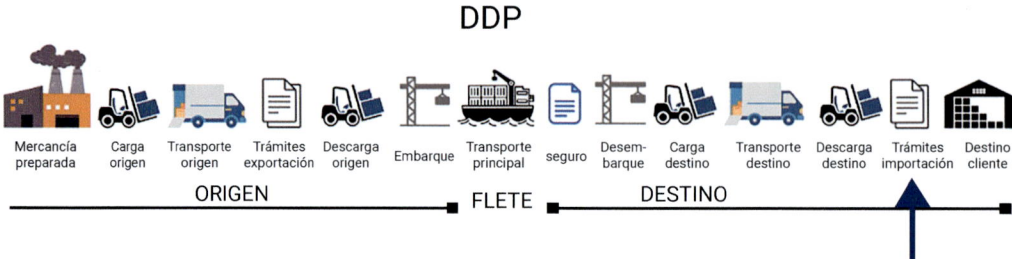

Figura 1.15. DDP.

Ejercicio para calcular costes de transporte:

Comercio Internacional S. L., con sede en España, ha vendido mercancías a una empresa de Bolivia. El transporte se realizará de la siguiente forma: en camión de Madrid a Algeciras, donde se embarcarán hacia el puerto de carga y, de esa ciudad, en camión hasta La Paz, capital de Bolivia.

Los distintos costes derivados de la operación son:

■ Precio de la mercancía: 140 000 euros.

■ Embalajes especiales para poder ser vendidas antes de salir del almacén: 1200 euros.

■ Gastos de manipulación y transporte en España: 1000 euros.

■ Carga en el barco (Algeciras). 2000 euros.

■ Transporte principal: 12 000 euros.

■ Aduana de exportación: 1100 euros.

■ Seguro del transporte: 650 euros.

■ Descarga: 400 euros.

■ Aduana de importación: 900 euros.

■ Transporte hasta lugar acordado de destino: 700 euros

■ Gastos de manipulación en destino: 500 euros.

Determina el coste derivado de la aplicación de los siguientes Incoterms:

a) Incoterm EXW.

b) Incoterm FOB.

c) Incoterm CIF.

Solución:

- EXW:140 000 € (precio de la mercancía) + 1200 € (embalaje antes de salir del almacén).

  EXW: 141 200 €

- FOB: 141 200 € (total precio de la mercancía y embalaje antes del almacén del vendedor) + 1000 € (gastos de manipulación y transporte en España) + 1100 € (aduana de exportación) + 2000 € (carga en el transporte principal).

  FOB: 145 300 €

- CIF: 145 000 € (total FOB) + 12 000 € (Coste transporte principal) + 650 (seguro del transporte principal).

  CIF: 157 950 €

1.5. Negociación con transportistas e intermediarios y contratos de transporte

La logística eficiente y las relaciones sólidas con los actores clave son fundamentales en el transporte internacional. Este epígrafe explora las estrategias de negociación y la importancia de establecer contratos de transporte sólidos para garantizar operaciones comerciales exitosas.

CONCEPTOS CLAVE

- **Contrato de transporte:** acuerdo legal que establece los términos y condiciones del transporte de mercancías entre el exportador e importador.

- **Intermediarios:** terceros que facilitan la comunicación y transacciones entre exportadores e importadores.

¿Qué claves debemos tener en cuenta a la hora de negociar con distintos transportistas?

Si tenemos mucho volumen de envíos, hay una probabilidad muy alta de que podamos ahorrar dinero negociando **tarifas especiales.**

Negociar con el transportista siempre va a favorecer a ambas partes: la empresa de transporte estará encantada de fidelizarnos como cliente, puesto que esto le garantiza un volumen constante de pedidos; y nosotros nos beneficiaremos de precios de envío **más baratos** que los estándares.

Veremos 5 pasos resumidos para negociar tarifas de envío:

Paso 1: revisar el perfil de envíos

Pongamos como ejemplo que un negocio *online* envía aproximadamente 50 paquetes al día con un peso medio de 800 gramos a clientes de Europa.

Este tipo de detalles son los que las empresas de mensajería incluyen en lo que llaman «**perfil de envíos**».

Dentro de este perfil se incluyen también otros datos, como:

- El tiempo límite que empresa quiere entregar sus pedidos.

- El historial de gastos y envíos.

- Cualquier recargo que se haya pagado anteriormente.

Por otra parte, hay que asegurar realizar un seguimiento de la información clave como:

- El envío diario de paquetes.

- Las medidas y pesos de los paquetes.

- Los destinos más frecuentes de envío.

Cuantos más detalles se conozcan sobre el historial de envíos, mejor preparado se estará para negociar tarifas más bajas.

A continuación, algunos aspectos a tener especialmente en cuenta al estudiar un perfil de envíos serían:

Zonas de envío

Los transportistas dividen los destinos en «zonas de envío». Por lo que, saber el **destino** de los paquetes es esencial para conocer los **gastos de envío.**

Si se realizan envíos a diferentes zonas, es lógico que los gastos sean mayores que si los envíos se enviasen dentro de una misma zona.

Peso y dimensiones de los paquetes

El peso y las dimensiones de un paquete condicionan los gastos de envío.

Aun así, es importante profundizar en el significado del **peso volumétrico**.

El peso volumétrico o dimensional es una fórmula usada para calcular los gastos de envío de paquetes de **peso ligero, pero gran volumen**. A pesar de que estos paquetes no pesan demasiado, enviarlos puede costar lo mismo o incluso más que un paquete más pesado, pero de menores dimensiones.

El peso volumétrico se calcula multiplicando en primer lugar la longitud por la anchura y por la altura del producto para averiguar su volumen cúbico.

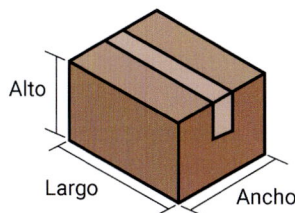

Figura 1.16. Medidas.

Para determinar el peso volumétrico hay que dividir ese volumen cúbico por un divisor definido por cada empresa de transporte en particular. Este divisor lo explicará cada empresa de transporte cuando exponga su tabla de tarifas.

Las empresas transportistas generalmente utilizan el mayor de los dos (el peso volumétrico o el peso real) para que nunca les repercuta un mal cálculo en su facturación. Esto significa que a la hora de definir las opciones de negociación el peso volumétrico es tan importante como el peso real.

El hecho de que los paquetes no sean muy pesados (como es el caso de prendas de ropa) no significa que la empresa de transporte no cobre un buen precio a la hora de transportarlos.

Precios base

Los precios base son los precios mínimos obligatorios que se pagan por cada envío.

Es necesario saber cuál es el precio mínimo de envío que aplica el transportista en base a las tarifas que se abonan actualmente.

Evidentemente, lo que uno quiere es que la tarifa mínima sea lo más baja posible, especialmente si los envíos son paquetes ligeros y de pequeñas dimensiones.

Paso 2: información sobre los cargos adicionales

Este tipo de costes, conocidos también en el sector como «tarifas adicionales» o «servicios de valor añadido» pueden dispararse rápidamente, convirtiéndose en un gasto importante para el vendedor *online*.

Una lista de las tarifas adicionales más frecuentes puede ser:

Alza general de tarifas

Esto no siempre se sabe de antemano, por lo que a veces los precios suben «por arte de magia» de un día para otro. Al negociar un contrato debemos pedir que nos informen bien de antemano si va a subir alguna tarifa que influya en los precios de envío que hemos negociado.

Depósito por palés

Si enviamos una serie de paquetes juntos en un palé que es propiedad de la empresa de transporte no debemos sorprendernos si aparece en la factura el concepto «depósito por palé» . Podemos evitar este depósito utilizando nuestros propios palés.

Gastos de administración

El transportista puede añadir gastos de administración a discreción, incluso aunque no aparezcan en la propuesta inicial. Debemos solicitar información al representante de la empresa de transportes sobre los gastos de administración para saber qué es lo que cubren y si hay posibilidad de negociarlos.

Fecha de disponibilidad de carga

La fecha de disponibilidad de carga no constituye una tarifa en sí misma, pero en algunos casos puede estar vinculada a gastos adicionales.

Si los envíos no están listos para su recogida en la fecha acordada, el transportista podría cobrar un recargo. Si nuestra empresa trabaja con fechas de disponibilidad de carga debemos asegurarnos de que todas las tarifas relacionadas con ella sean solamente en caso de retrasos en la entrega de la mercancía al transportista.

Paso 3: realizar un análisis de rentabilidad de las empresas de transporte

Normalmente, cuantos más envíos una empresa ofrezca a un transportista, más bonificación podrá esperar. Esto significa que la empresa tendrá que hacer una previsión de los envíos que espera realizar el resto del año.

¿Espera tener un incremento de ventas? ¿Se está extendiendo su negocio en áreas nuevas? ¿Va a ofrecer productos nuevos que pudieran afectar al peso volumétrico o real de sus envíos?

Las respuestas a este tipo de preguntas pueden ayudarnos a construir un análisis de rentabilidad sólido. La empresa de transporte quiere hacer negocio con nosotros, pero también sabe que tenemos otras opciones.

Por eso debemos vendernos como una buena fuente de ingresos para ellos, pero sin caer en el error de exagerar nuestro volumen de envíos, porque los precios de envío que se están negociando van a basarse precisamente en ese volumen.

Si no se alcanza el volumen de envíos estimado podrían aplicarnos recargos contractuales y acabaríamos pagando más dinero.

Paso 4: comparar precios de envío de los distintos transportistas

Tener una **asociación sólida** a largo plazo con una empresa de transportes puede proporcionar mucho valor. Aun así hemos de tener en cuenta que las mejores tarifas podríamos encontrarlas en otra parte.

En todo caso, es práctico negociar con varios transportistas a la vez para poder encontrar la mejor oferta. Y, además, utilizar la **competitividad como arma de negociación.**

Paso 5: cierre del trato con buenas prácticas

Ha llegado el momento de sentarse a la mesa de negociación.

Los representantes de la empresa de transporte ya esperan que se les soliciten los precios de envío más bajos posibles.

La clave es mencionar las necesidades que se tienen con sinceridad y enfocar la negociación como la busca de una solución que beneficie a ambas partes. Esto instaurará confianza y predispondrá más al representante a comprometerse con nosotros.

1.5.1. El contrato de transporte

El contrato de transporte es aquel por el cual el porteador se obliga, mediante un precio, a trasladar de un lugar a otro a una persona o cosa determinada o a ambos a cambio de un precio y por el medio o los medios de locomoción pactados. En concreto, el contrato de transporte de mercancías es aquel por el que el porteador se obliga frente al cargador, a cambio de un precio, a trasladar mercancías de un lugar a otro y ponerlas a disposición de la persona designada en el contrato.

El contrato de transporte terrestre de mercancías se regirá por los tratados internacionales vigentes en España de acuerdo con su ámbito respectivo, las normas de la Unión Europea y las disposiciones de esta ley. En lo no previsto serán de aplicación las normas relativas a la contratación mercantil.

1.5.2. ¿Qué es una carta de porte?

El contrato de transporte se formaliza mediante la denominada carta de porte. La carta de porte, firmada por ambas partes, hará fe de la conclusión y del contenido del contrato, así como de la recepción de las mercancías por el porteador, salvo prueba en contrario.

La carta de porte se emitirá en tres ejemplares originales, que firmarán el cargador y el porteador. El primer ejemplar de la carta de porte será entregado al cargador, el segundo viajará con las mercancías transportadas y el tercero quedará en poder del porteador.

La carta de porte debe contener:

- Lugar y fecha de emisión.

- Nombre y dirección del cargador y, en su caso, del expedidor.

- Nombre y dirección del porteador y, en su caso, del tercero que reciba las mercancías para su transporte.

- Lugar y fecha de la recepción de la mercancía por el porteador.

- Lugar y, en su caso, fecha prevista de entrega de la mercancía en destino.

- Nombre y dirección del destinatario, así como eventualmente un domicilio para recibir notificaciones.

- Naturaleza de las mercancías, número de bultos y signos y señales de identificación.

- Identificación del carácter peligroso de la mercancía enviada, así como de la denominación prevista en la legislación sobre transporte de mercancías peligrosas.

- Cantidad de mercancías enviadas, determinada por su peso o expresada de otra manera.

- Clase de embalaje utilizado para acondicionar los envíos.

- Precio convenido del transporte, así como el importe de los gastos previsibles relacionados con el transporte.

- Indicación de si el precio del transporte se paga por el cargador o por el destinatario.

- En su caso, declaración de valor de las mercancías o de interés especial en la entrega.

- Instrucciones para el cumplimiento de formalidades y trámites administrativos preceptivos en relación con la mercancía.

La carta de porte podrá contener cualquier otra mención que sea convenida por las partes en el contrato, tales como:

- La referencia expresa de prohibición de transbordo.

- Los gastos que el remitente toma a su cargo.

- La suma del reembolso a percibir en el momento de la entrega de la mercancía.

- El valor declarado de la mercancía y la suma que representa el interés especial en la entrega.

- Instrucciones del remitente al transportista concernientes al seguro de las mercancías.

- El plazo convenido en el que el transporte ha de ser efectuado.

- La lista de documentos entregados al transportista.

La ausencia o irregularidad de la carta de porte no producirá la inexistencia o la nulidad del contrato.

1.5.3. ¿Quién asume la obligación de carga y descarga?

Las operaciones de carga de las mercancías a bordo de los vehículos, así como las de descarga de estos, serán por cuenta, respectivamente, del cargador y del destinatario, salvo que expresamente se asuman estas operaciones por el porteador antes de la efectiva presentación del vehículo para su carga o descarga. Igual régimen será de aplicación respecto de la estiba y desestiba de las mercancías.

El cargador y el destinatario soportarán las consecuencias de los daños derivados de estas operaciones. Sin embargo, el porteador responderá de los daños sufridos por las mercancías debidos a una estiba inadecuada cuando tal operación se haya llevado a cabo por el cargador siguiendo las instrucciones del porteador.

No obstante, en los servicios de paquetería y cualesquiera otros similares que impliquen la recogida o reparto de envíos de mercancías consistentes en un reducido número de bultos que puedan ser fácilmente manipulados por una persona sin otra ayuda que las máquinas o herramientas que lleve a bordo el vehículo utilizado, las operaciones de carga y descarga, salvo que se pacte otra cosa, serán por cuenta del porteador.

En esta clase de servicios, la estiba y desestiba de las mercancías corresponderán, en todo caso, al porteador. El porteador soportará las consecuencias de los daños causados en las operaciones que le corresponda realizar.

1.5.4. La responsabilidad del porteador

El porteador responderá de la pérdida total o parcial de las mercancías, así como de las averías que sufran, desde el momento de su recepción para el transporte hasta el de su entrega en destino. Asimismo, el porteador responderá de los daños derivados del retraso en la ejecución del transporte.

A estos efectos, se considerarán también como mercancías los contenedores, bandejas de carga u otros medios similares de agrupación de mercancías utilizados en el transporte cuando hubiesen sido aportados por el cargador.

El porteador responderá de los actos y omisiones de los auxiliares, dependientes o independientes, a cuyos servicios recurra para el cumplimiento de sus obligaciones.

Los administradores de la infraestructura ferroviaria sobre la que se realice el transporte se considerarán, a estos efectos, auxiliares del porteador.

a) Causas de exoneración

El porteador no responderá de los hechos indicados si prueba que la pérdida, la avería o el retraso han sido ocasionados por culpa del cargador o del destinatario, por una instrucción de estos no motivada por una acción negligente del porteador, por vicio propio de las mercancías o por circunstancias que el porteador no pudo evitar y cuyas consecuencias no pudo impedir.

En ningún caso podrá alegar como causa de exoneración los defectos de los vehículos empleados para el transporte.

Cuando el daño sea debido simultáneamente a una causa que exonera de responsabilidad al porteador, y a otra de la que deba responder, solo responderá en la medida en que esta última haya contribuido a la producción del daño.

b) **Presunciones de exoneración**

El porteador quedará exonerado de responsabilidad cuando pruebe que, atendidas las circunstancias del caso concreto, la pérdida o avería han podido resultar verosímilmente de alguno de los siguientes riesgos:

- Empleo de vehículos abiertos y no entoldados, cuando tal empleo haya sido convenido o acorde con la costumbre.

- Ausencia o deficiencia en el embalaje de mercancías, a causa de las cuales estas quedan expuestas, por su naturaleza, a pérdidas o daños.

- Manipulación, carga, estiba, desestiba o descarga realizadas, respectivamente, por el cargador o por el destinatario, o personas que actúen por cuenta de uno u otro.

- Naturaleza de ciertas mercancías expuestas por causas inherentes a la misma a pérdida total, o parcial, o averías, debidas especialmente a rotura, moho, herrumbre, deterioro interno y espontáneo, merma, derrame, desecación, o acción de la polilla y roedores.

- Deficiente identificación o señalización de los bultos.

- Transporte de animales vivos en las condiciones previstas.

Resumen del tema:

- Todo este primer epígrafe proporciona los cimientos necesarios para participar en el comercio internacional.

- Desde la comprensión de los roles clave hasta la negociación efectiva y la formalización de contratos, se establece un marco sólido para abordar transacciones internacionales con éxito.

- La claridad en el vocabulario, la comprensión del proceso de importación y la aplicación adecuada de los Incoterms son elementos cruciales que impactan directamente en la eficiencia y la rentabilidad en el comercio exterior.

ACTIVIDADES FINALES

TEST DE REPASO

1.1. **¿Quién es responsable de enviar productos a un país extranjero?**

  a) Importador

  b) Exportador

  c) Agente aduanero

1.2. **¿Quién facilita la entrada de mercancías en un país?**

  a) Exportador

  b) Importador

  c) Transportista

1.3. **¿Quién se encarga de los trámites necesarios en la aduana?**

  a) Agente aduanero

  b) Importador

  c) Intermediario

1.4. **¿Qué término se refiere al documento que describe las mercancías enviadas?**

  a) Factura proforma

  b) Conocimiento de embarque

  c) Certificado de origen

1.5. **¿Cómo se llama el documento que certifica el origen de las mercancías?**

  a) Carta de crédito

  b) Conocimiento de embarque

  c) Certificado de origen

1.6. **¿Qué es una factura proforma?**

  a) Un documento preliminar que proporciona una cotización

  b) Un documento que confirma el envío de mercancías

  c) Un documento que certifica el origen de los productos

1.7. **¿Cuál es el primer paso en el proceso de importación?**

  a) Despacho aduanero

  b) Obtención de permisos

  c) Recepción de mercancías

1.8. ¿Qué se debe hacer después de recibir las mercancías en el país de destino?

a) Despacho aduanero

b) Obtener el certificado de origen

c) Planificación logística

1.9. ¿Qué documento es crucial para liberar mercancías en la aduana?

a) Factura proforma

b) Conocimiento de embarque

c) Carta de crédito

1.10. ¿Qué significan las siglas INCOTERMS?

a) International Commercial Terms

b) International Cargo Terms

c) International Credit Terms

1.11. ¿Cuál de los siguientes INCOTERMS se refiere a 'Libre a bordo'?

a) FOB

b) CIF

c) DDP

1.12. ¿Cuál es la principal función de los INCOTERMS?

a) Definir responsabilidades y costos entre comprador y vendedor

b) Establecer aranceles aduaneros

c) Regular las tarifas de transporte

1.13. ¿Qué es un contrato de transporte?

a) Un acuerdo formal entre el vendedor y el comprador sobre el precio de las mercancías

b) Un acuerdo formal entre el transportista y el remitente para mover mercancías

c) Un acuerdo entre dos países para facilitar el comercio

1.14. ¿Qué documento suele ser utilizado como prueba de contrato de transporte marítimo?

a) Certificado de origen

b) Conocimiento de embarque

c) Factura proforma

1.15. ¿Qué aspecto es crucial en la negociación con transportistas?

a) El embalaje de los productos

b) El costo y tiempo de transporte

c) La producción de las mercancías

1.16. **¿Cuál es la ventaja de negociar directamente con los transportistas?**

a) Mayor control sobre los horarios de entrega

b) Reducción de aranceles aduaneros

c) Eliminación de intermediarios financieros

1.17. **¿Qué tipo de intermediario actúa en nombre del exportador para encontrar compradores?**

a) Agente de compras

b) Bróker

c) Agente de ventas

1.18. **¿Qué debe incluirse en un contrato de transporte para evitar disputas?**

a) Detalles de embalaje

b) Especificaciones de la mercancía y términos de entrega

c) Preferencias del consumidor

1.19. **¿Quién es responsable del pago del transporte en un contrato CIF?**

a) El comprador

b) El vendedor

c) El transportista

1.20. **¿Qué término describe a una empresa que organiza el transporte de mercancías por cuenta de un tercero?**

a) Exportador

b) *Freight forwarder*

c) Importador

1.21. **¿Qué se busca minimizar en una negociación efectiva con transportistas?**

a) Costos de transporte y tiempos de entrega

b) Regulaciones aduaneras

c) Tamaño del embalaje

1.22. **¿Qué tipo de contrato detalla las responsabilidades del transportista en caso de pérdida o daño?**

a) Contrato de flete

b) Contrato de compraventa

c) Contrato de arrendamiento

1.23. **¿Cuál es la función principal de un intermediario en el comercio exterior?**

a) Facilitar la comunicación entre comprador y vendedor

b) Transportar las mercancías

c) Producir las mercancías

1.24. **¿Qué documento se utiliza para asegurar el pago en transacciones internacionales?**

a) Carta de crédito

b) Conocimiento de embarque

c) Factura proforma

1.25. **¿Qué debe hacer un exportador para asegurarse de que el transportista maneje adecuadamente las mercancías?**

a) Incluir instrucciones detalladas en el contrato de transporte

b) Supervisar personalmente el transporte

c) Dejar la responsabilidad completamente al transportista

Aduanas

Este epígrafe se centra en el papel crucial de las aduanas en el comercio internacional, explicando el funcionamiento aduanero, destacando su importancia en la regulación y seguridad del comercio. Desglosa el proceso de despacho aduanero, desde la documentación requerida hasta la autorización de mercancías. Explora el intercambio electrónico de datos (EDI) y su impacto en la eficiencia de las transacciones. Presenta el TARIC, el sistema de clasificación arancelaria utilizado en la Unión Europea. Finalmente, analiza los impuestos asociados a las importaciones y exportaciones y el sistema INTRASTAT para la recopilación de estadísticas del comercio intracomunitario, proporcionando una comprensión integral de estos aspectos esenciales.

En el complejo mundo del comercio internacional, las aduanas juegan un papel crucial. Este epígrafe explora a fondo los aspectos operativos, tecnológicos y fiscales relacionados con las aduanas, proporcionando una comprensión integral para aquellos involucrados en el transporte internacional.

La aduana es una oficina pública gubernamental, aparte de ser una constitución fiscal, situada en puntos estratégicos. Estos puntos estratégicos son, por lo general, costas, fronteras, o terminales internacionales de transporte de mercancía, como aeropuertos o terminales ferroviarios.

2.1. Funcionamiento aduanero

Las aduanas, como instituciones, han evolucionado a lo largo de la historia, desde los primeros registros de la antigua Roma hasta el sistema moderno de clasificación arancelaria.

En la actualidad, su función principal es regular y facilitar el flujo de mercancías a través de las fronteras.

El funcionamiento aduanero es esencial para garantizar la seguridad de los países y la integridad de los intercambios comerciales. A través de la clasificación arancelaria y las inspecciones, se asegura el cumplimiento de regulaciones y la protección de los ciudadanos.

El principal objetivo de una aduana es garantizar la seguridad nacional, proteger los derechos de propiedad intelectual, recaudar impuestos y evitar el contrabando.

Una aduana funciona, en términos generales, como un punto de control en la frontera entre dos países.

Cuando los productos llegan a la aduana, los agentes aduaneros examinan cada uno de los bienes a fin de determinar si cada uno de ellos cumplen con los requisitos legales. Asimismo, los agentes aduaneros deben revisar los documentos de importación y exportación asegurándose de que se han pagado los impuestos pertinentes y que se han cumplido todas las normativas.

Aquellos productos que no cumplan la normativa aduanera son considerados productos de contrabando, entre los que encontramos los siguientes tipos:

- **Tráfico de sustancias** o artículos cuya posesión está prohibida como armas o drogas.

- **Tráfico ilícito de mercancías** como animales u obras de arte entre otros.

- **Entrada excesiva** de artículos como alcohol o cartones de tabaco.

CONCEPTOS CLAVE

- **Control y regulación:** las aduanas existen para garantizar el cumplimiento de regulaciones comerciales y para proteger la seguridad nacional y el bienestar económico.

- **Clasificación arancelaria:** los productos se clasifican según un sistema arancelario específico, determinando los impuestos y restricciones aplicables.

- **Inspección aduanera:** los inspectores aduaneros verifican la conformidad de las mercancías con las leyes y regulaciones, asegurando la integridad y seguridad de los productos.

¿Qué tipos de aduanas hay?

La clasificación de los tipos de aduanas viene determinada por su ubicación y la función que desempeñan. A continuación, indicamos las principales.

- **Aduanas de frontera**: se encuentran en la frontera entre dos países y son responsables de controlar el flujo de bienes entre ellos. La función principal es verificar que los productos que entren cumplan con todas las normativas y reglamentos aduaneros.

- **Aduanas interiores**: estas se encuentran en el interior de territorio del país y se encargan de regular el flujo de mercancías y bienes que entran y salen entre las diferentes regiones. Ocasionalmente, pueden actuar como recaudadoras de impuestos.

- **Aduanas especiales**: utilizadas para controlar el flujo de mercancías que ingresan en zonas especiales como son las zonas francas o los puertos libres. Se trata de zonas que ofrecen beneficios fiscales y aduaneros especiales para así fomentar la inversión y el comercio.

2.2. Proceso de despacho aduanero

El despacho aduanero ha experimentado una transformación significativa con la llegada de la globalización y la tecnología. Antes, los procesos manuales predominaban, pero, hoy en día, la digitalización agiliza y mejora la eficiencia.

El proceso de despacho aduanero es la puerta de entrada para las mercancías en un país. La correcta presentación de documentos y la verificación aseguran que las mercancías cumplan con las regulaciones locales.

Este procedimiento administrativo garantiza tanto el cumplimiento del régimen aduanero y del pago de las tasas para el comercio exterior.

El encargado de hacer el despacho de aduanas es el agente de aduanas o representante aduanero. Este profesional realiza, en nombre de una empresa o una persona física, la operación internacional, **cumplimentando la documentación y siguiendo el proceso de despacho.** También puede ser una persona jurídica (importador, exportador) facultada por las autoridades aduaneras para presentar sus propias declaraciones aduaneras (autodespacho aduanero).

En general, el despacho aduanero sigue las siguientes **etapas**:

Inicio

El despacho aduanero comienza cuando una persona, física o jurídica, quiere **realizar la importación o exportación de un bien**, realizando la notificación a la autoridad de que va a realizar ese proceso.

Registro

El declarante del despacho aduanero **registra y declara en un sistema informático la mercancía,** detallando información respecto al titular del envío, la persona que lo recibe, su tamaño, peso y otros detalles relacionados. Además, si fuera necesario, debe liquidar los impuestos y aranceles derivados del envío de esa mercancía a un país.

Comprobación

Una vez declarada la mercancía, se debe **evaluar su naturaleza y riesgos.** Las autoridades tienen cuatro canales de verificación:

- **Verde:** solo es necesario presentar la documentación, la mercancía sigue el proceso de envío tras la comprobación.

- **Amarillo:** cuando se detecta una falta en la documentación y es necesario complementar la información aportada.

- **Naranja:** la autoridad aduanera requiere la comprobación de la validez de los datos aportados.

- **Rojo:** la autoridad requiere la inspección tanto de la mercancía como de la documentación.

Terminada la comprobación, si todo está en orden, la mercancía sigue su curso de envío. En caso contrario, **la autoridad aduanera comunica al agente de aduanas el problema detectado** que ha hecho que se retenga la mercancía.

Documentación requerida

La documentación que se requiere para un despacho de aduanas es:

- **Factura comercial:** documento que refleja la información necesaria para calcular el arancel del producto.

- **Documento único administrativo (DUA):** formulario en el que se declara la importación o exportación, con información sobre el producto que permite su clasificación tributaria.

- **Lista de contenido** (*packing list*): es el documento que detalla el número de paquetes, su contenido y peso.

- **Formularios para el envío de un producto a un país concreto:** por ejemplo, en el caso de enviar mercancías fuera de la Unión Europea, se exige el formulario CN22 o CN23, según el peso y valor del envío.

- **Certificados de origen no preferencial:** acreditan que el país de origen de las mercancías no puede acogerse a ningún trato preferencial. Estos certificados son expedidos normalmente por las Cámaras de Comercio.

- **Certificados de origen preferencial:** permiten que las mercancías se beneficien de derechos reducidos o nulos cuando se importen de terceros países con los que se haya firmado un acuerdo preferencial.

Es importante realizar un despacho aduanero correcto, con toda la información requerida, para evitar retrasos en el despacho de la mercancía o su bloqueo en puntos aduaneros.

2.3. EDI (intercambio electrónico de datos)

El intercambio electrónico de datos ha revolucionado la forma en que se maneja la información en el comercio internacional. Desde los primeros intentos de transmisión electrónica de mensajes hasta los estándares modernos de EDI, la tecnología ha mejorado la velocidad y precisión de las transacciones.

El EDI permite una comunicación más rápida y precisa entre los actores del comercio internacional. La automatización reduce los tiempos de procesamiento y minimiza errores asociados con la entrada manual de datos.

2.3.1. ¿Cómo funciona el EDI?

Todos los documentos comerciales, como formularios de pedido, órdenes de compra, mandatos, facturas, documentación de pago, avisos de embarque, documentos aduaneros y análisis de inventario pueden digitalizarse utilizando el EDI.

Sin embargo, estos documentos deben seguir un formato estándar para que los ordenadores puedan procesar este flujo de información automáticamente. Para garantizar la homogeneización, existen varios estándares, cada uno de los cuales está disponible en varias versiones. Antes de enviar cualquier documento, los interlocutores comerciales deben acordar el formato (estándar y versión) que desean utilizar.

Tipos de formatos: EDIFACT, XML, ANSI ASC X12, TXT, etcétera.

Una vez que se decide el formato, el proceso sigue tres pasos principales:

1. Preparar los documentos

   En primer lugar, es necesario recopilar y organizar la información necesaria para crear el documento.

2. Traducir los documentos al formato correcto

   A continuación, el documento interno debe convertirse al formato definido. Para ello, se puede adquirir o utilizar un *software* propio de traducción EDI o recurrir a un proveedor de servicios.

3. Conectarse y enviar los documentos

   Una vez los documentos comerciales están listos, existen varios métodos para enviarlos al interlocutor comercial:

   — Conexión directa mediante un protocolo seguro, también conocido como *Point-to-Point* EDI.

   — Conexión a través de un proveedor de red EDI.

2.3.2. ¿Cuándo se usa el EDI?

Generalmente, se utiliza cuando:

■ Las partes involucradas en el intercambio son autónomas y comparten un entendimiento predefinido, claro y común sobre los negocios y servicios a utilizar; la información a intercambiar puede mapearse sobre mensajes normalizados.

■ Un uso típico del EDI es la automatización de los intercambios entre un departamento y una organización externa (por ejemplo, una compañía suministradora) o entre dos grandes departamentos de la misma Administración, cada uno de ellos dotado con su propio sistema de información y diferentes formas de representar la misma información. No obstante, dentro de un mismo departamento pueden existir unidades que tienen sus propios dominios de aplicación implementados sobre diferentes sistemas informáticos, y necesitan automatizar el intercambio de datos mediante el EDI.

La existencia de conjuntos de mensajes acordados internacionalmente es el elemento clave para la automatización de los procedimientos administrativos o comerciales.

Para introducirnos en el EDI es necesario tener en cuenta los siguientes aspectos:

■ Volumen de documentos comerciales/administrativos intercambiados.

■ Actual porcentaje de error en el tratamiento de documentos sobre papel.

- Coste del tratamiento y mantenimiento de documentos sobre papel.

- Factor tiempo (si es crítico o no).

- Valor estratégico asignado al EDI en términos de beneficios a largo plazo.

Mediante estos aspectos se analiza el costo necesario para implementar una solución basada en el EDI. A los costes de contratación previstos deberían añadirse los derivados de procedimientos internos (por ejemplo, preparación del personal).

2.3.3. Ventajas del uso de EDI

El EDI sin duda nos ofrece una amplia gama de oportunidades de trabajo y beneficios para nuestra empresa entre los que destacan:

- **Elimina los procesos operativos**

  Reduce la impresión de documentos comerciales, franqueo, o el registro en el ERP.

  Los documentos fluyen hacia la aplicación correcta, en el ordenador del receptor y su procesamiento puede comenzar inmediatamente. Un proceso manual típico se parece a lo indicado en el siguiente diagrama:

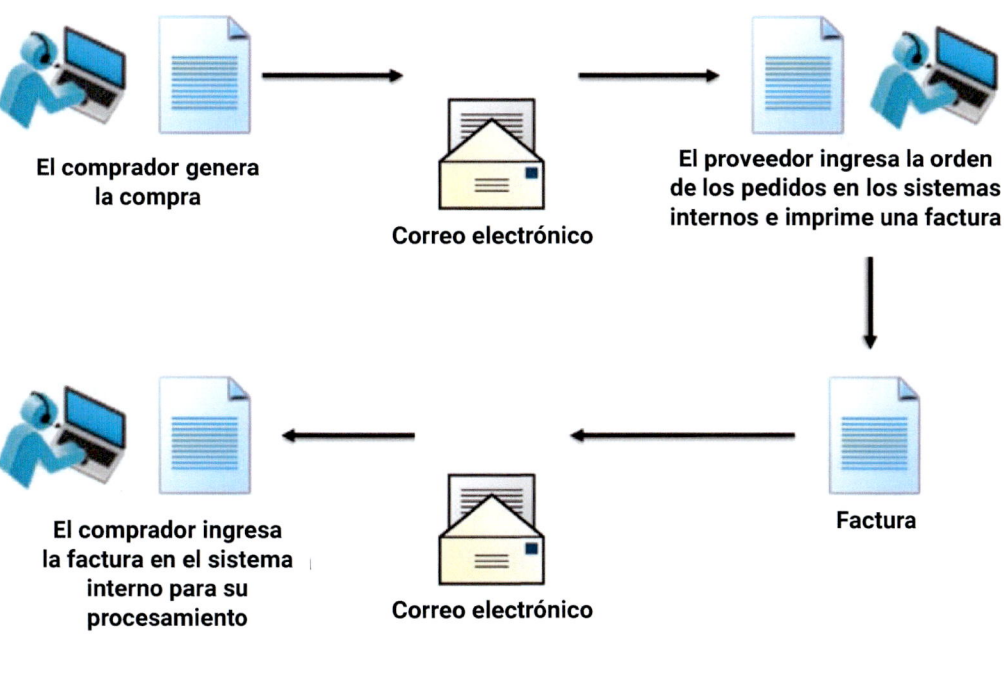

El comprador genera la compra

Correo electrónico

El proveedor ingresa la orden de los pedidos en los sistemas internos e imprime una factura

Factura

El comprador ingresa la factura en el sistema interno para su procesamiento

Correo electrónico

Figura 2.1. Proceso EDI.

Un proceso con EDI se ve de la siguiente manera; no hay papel ni personas involucradas:

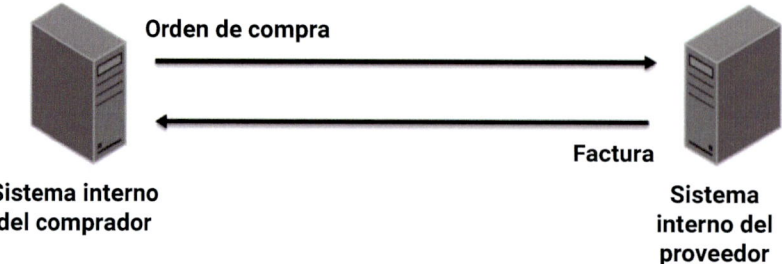

Orden de compra

Factura

**Sistema interno
del comprador**

**Sistema
interno del
proveedor**

Figura 2.2. Desaparece el uso de papel.

- **Mayor precisión**

  Se evitan errores de introducción de datos, toma de pedidos, pérdidas de archivos.

  El EDI reemplaza el servicio postal, fax y correo electrónico, principalmente. Estos medios de comunicación requieren que haya gente involucrada para su funcionamiento, lo cual aletarga los procesos e introduce posibilidades de error.

- **Disminuye los tiempos de respuesta**

  La automatización de los procesos reduce el tiempo de respuesta hasta en un 61 %.

- **Reduce los costes**

  De los beneficios más notables. Los costes de procesamiento de documentos comerciales está demostrado que se pueden reducir en, al menos, un 35 %.

- **Incrementa la productividad**

  Más operaciones comerciales con menos recursos humanos.

- **Conecta a todos los socios comerciales**

  El intercambio de documentos EDI se da típicamente a través de dos compañías diferentes, que son socias de negocios.

  El EDI facilita el flujo de comunicaciones y mejora las relaciones comerciales.

- **Muestra información sobre el estado de los procesos**

  Permite un control respecto a la lectura, tratamiento y recepción de órdenes de compra, notas de envío y más.

- **La experiencia del cliente final mejora**

  Los flujos de trabajo y tiempo de respuesta en los procesos son óptimos y precisos, lo cual beneficia a los clientes.

- **Mejora el control de las finanzas**

  El comprador se beneficia de descuentos por pronto pago y el proveedor mejora su liquidez.

2.4. TARIC (código integrado de productos)

TARIC se originó como parte del Sistema Armonizado (SA) de la Organización Mundial de Aduanas. Su objetivo era proporcionar un sistema uniforme de clasificación arancelaria a nivel mundial, facilitando el comercio internacional.

TARIC es esencial para la clasificación arancelaria precisa de productos, lo que afecta directamente a los impuestos y restricciones aplicables. Facilita el comercio al proporcionar un sistema estandarizado de códigos.

El código TARIC (*Tarif Intégré Communautaire* o tarifa integrada comunitaria) es una **nomenclatura del arancel integrado de la Comunidad Europea** utilizada para clasificar las mercancías. Este método se utiliza en el momento de clasificar los envíos internacionales y calcular impuestos, aranceles y posibles restricciones que puedan aplicarse.

Con el propósito de agilizar al máximo las gestiones en las aduanas, es preciso incluir en la factura proforma el código TARIC de cada mercancía que se vaya a enviar para, de esta manera, **evitar cargos inesperados.** Todos los envíos internacionales necesitan un código TARIC determinado. Este consta de una **serie de diez dígitos,** aunque ciertos países incorporan dígitos adicionales para conseguir una clasificación adicional. Esto ocurre, por ejemplo, en los casos de Alemania, Japón o Estados Unidos.

El TARIC está integrado por la nomenclatura arancelaria (compuesto por capítulos, partidas y subpartidas) y los derechos arancelarios (el gravamen asignado a cada una de las partidas y subpartidas). Un código o número TARIC debe utilizarse en la aduana para declarar mercancías y calcular derechos, así como para declaraciones estadísticas. El código TARIC de diez dígitos debe utilizarse en las declaraciones aduaneras y estadísticas.

Un código TARIC está compuesto por diez dígitos como se ilustra en la siguiente imagen.

Estructura del código TARIC

Figura 2.3. Estructura del código TARIC.

A. Los primeros seis dígitos se basan en el Sistema Armonizado (**SA en español** o HS en inglés).

1. **Capítulos** (dos primeros dígitos): asignan las mercancías a categorías de productos crudos y naturales y de ahí proceden a categorías de complejidad creciente.

2. **Partidas** (cuatro primeros dígitos): dan lugar a más subdivisiones de mercancías.

3. **Subpartidas SA** (seis primeros dígitos).

B. La **nomenclatura combinada (NC):** es el conjunto de los ocho dígitos del código, que incluye la nomenclatura del sistema armonizado y las subdivisiones comunitarias «subpartidas NC».

4. **Subpartidas NC:** son las cifras séptima y octava que identifican las subpartidas NC.

C. El resto de los números se agregan para que se cubran todas las reglas y tarifas de los países de la UE. El Arancel integrado de las Comunidades Europeas (TARIC) incluye subdivisiones comunitarias complementarias, denominadas *subpartidas TARIC*.

5. Las **subpartidas TARIC** se identifican mediante un noveno y décimo dígitos. En ausencia de una subdivisión comunitaria, los dígitos noveno y décimo serán «00».

Los diez dígitos en su conjunto proporcionan información detallada sobre las mercancías transportadas y es la base para el cálculo de los derechos.

En caso de que un código TARIC no sea lo suficientemente informativo, se puede entrar en más detalles con el código TARIC adicional. La longitud del código adicional es de cuatro dígitos y/o una letra.

Ejemplo de código TARIC español:

Cualquier proceso de importación o exportación en la Unión Europea requiere conocer esta clasificación y reflejarla. Debemos tener en cuenta que:

■ El exportador es legalmente responsable de plasmar correctamente esta clasificación ante la aduana.

■ Los impuestos y las tasas aplicables se establecen en función de este código. Una vez conocido, resulta sencillo saber qué importe corresponde.

■ Con la experiencia y los conocimientos adecuados, estos dígitos TARIC son un importante caudal informativo sobre las mercancías.

Existen páginas web y buscadores en los que se puede localizar la información necesaria. A modo de ejemplo, este es un desglose real aplicable en España:

■ TARIC: 6406 10 10 10.

■ 64. Calzado, polainas y otros artículos similares, así como sus partes.

- 6406. Partes de calzado: elementos superiores fijados a las palmillas de la suela, plantillas, taloneras, polainas, etc., así como sus componentes.

- 6406 10. Partes superiores del calzado y sus partes, salvo los contrafuertes y las punteras duras.

- 6406 10 10. Elaborado en cuero.

- 6406 10 10 10. Hecho a mano.

¿Dónde buscar el código arancelario de los productos?

1. Web de la Organización Web oficial de OMC.

2. TARIC-Unión Europea. Se trata de la **Base de Datos de Aduanas de la Comisión Europea** y, como tal, ofrecerá información sobre los códigos y partidas arancelarias de productos y mercancías importados dentro de la Unión Europea. Además, esta base de datos permite buscar estos códigos a partir de la descripción del producto o de su código. Para ello, hay que seleccionar la búsqueda avanzada e introducir lo que se desee buscar; la página redirigirá al producto e información deseados.

3. Oficina Virtual de la Agencia Tributaria. En esta web, se puede acceder a una gran cantidad de información sobre mercancías en español, toda ella actualizada. Además, da la opción de acceder directamente al TARIC del producto o incluso a los aranceles que se pueden aplicar a los productos dependiendo de la zona en que se encuentren y a la que se dirijan.

4. Páginas web de las Cámaras de Comercio. En ellas se puede acceder a toda la información y partidas arancelarias de los productos a través de una búsqueda por palabras clave.

2.5. Impuestos e Intrastat

Los impuestos aduaneros son elementos fundamentales en la recaudación de ingresos para los gobiernos y también sirven como herramienta para regular el comercio internacional.

Por otro lado, el sistema Intrastat facilita la recopilación de datos precisos sobre el movimiento de bienes dentro de la Unión Europea y recopila estadísticas precisas sobre el comercio de bienes entre los países miembros.

Podemos resumir que Intrastat es una normativa europea, que nace como consecuencia de la necesidad de conocer las estadísticas de comercio fruto de todos los movimientos de mercancía, compra o venta, que realizan todos los países miembros.

Comenzó a operar el 1 de enero de 1993, cuando reemplazó las declaraciones de aduana como fuente de estadística comercial dentro de la Unión.

¿Qué es una declaración Intrastat?

El **Intrastat es una declaración estadística** que se debe presentar cuando se venden productos a otros países de la UE y el volumen de ventas excede un determinado umbral. Las declaraciones Intrastat recogen el movimiento de mercancías —expediciones y llegadas— realizados entre los estados miembros de la UE.

Como es una declaración estadística, se deben declarar datos fiscales como el valor de la mercancía, pero también datos logísticos como el país de procedencia, peso o medio de transporte utilizado.

¿Quién debe presentar la declaración Intrastat?

Están obligadas a presentar la declaración estadística Intrastat aquellas personas físicas o jurídicas sujetas al IVA que intervienen en un intercambio de bienes con otro Estado miembro de la Unión Europea y que superan los umbrales de exención establecidos para el periodo de referencia.

En caso de que la empresa realice entregas o adquisiciones intracomunitarias se deberá presentar una:

- **Declaración de expedición** cuando se hayan realizado operaciones de salida de mercancías destinadas a otro país de la UE y superen los 400 000 euros al año natural anterior o cuando, no habiendo alcanzado dicho umbral, lo alcancen a lo largo del año natural en curso.

- **Declaración de introducción** cuando se hayan realizado operaciones de entrada de mercancías procedentes de otros países de la UE y superen los 400 000 euros el año natural anterior o cuando, no habiendo alcanzado dicho umbral, lo alcancen a lo largo del año natural en curso.

Por tanto, si el volumen de los envíos de mercancías a otros países de la UE (expediciones) o de adquisiciones de productos procedentes de la UE (introducciones) supera los 400 000 euros anuales (sin IVA), se deberá presentar la declaración estadística Intrastat.

Ahora bien, conviene saber que los intercambios de mercancías con Estados miembros de la UE, que tengan procedencia o destino a las Islas Canarias o las ciudades autónomas de Ceuta y Melilla, no se declaran en Intrastat.

No obstante, hay sujetos excluidos de la obligación de presentar la declaración Intrastat:

- Aquellas empresas o profesionales que dejen de ser sujeto pasivo con arreglo al título III de la Directiva 2006/112/CE del Consejo, de 28 de noviembre de 2006 (baja en el Registro de Operadores Intracomunitarios).

- Los responsables del suministro de la información que, durante el año natural anterior al periodo de referencia, hubiesen efectuado operaciones de expedición intracomunitaria con valor estadístico inferior al «umbral de exención» (400 000 euros).

¿Cuándo se debe presentar la declaración Intrastat?

La declaración Intrastat se debe presentar con periodicidad mensual, durante los 12 primeros días naturales del mes siguiente al de referencia. Además, las declaraciones se deben conservar durante los 24 meses siguientes a dicho periodo. Ejemplo: La declaración del mes de enero se presentará hasta el 12 de febrero.

Ejercicios para entender la obligación de presentación:

Ejercicio número 1

Un operador ha recibido de Francia mercancías cuyo valor acumulado el año 2020 es de 653 000 euros. En este caso, estará obligado a presentar declaración Intrastat de introducción todos los meses del año 2021, aun en el caso de que alguno de dichos meses no realice operaciones.

Ejercicio número 2

Un operador realizó expediciones por valor de 350 000 euros el año 2020. En el año 2021, realizó en enero operaciones por valor de 300 000 euros; en mayo, por valor de 100 000 euros; en junio, por valor de 250 000 euros; y, en diciembre, por valor de 550 000 euros. Este operador no estará obligado a declarar hasta mayo, mes en el que habrá alcanzado el umbral de exención (300 000 + 100 000 = 400 000 euros). Por lo tanto, su obligación se extenderá desde el mes de mayo hasta el mes de diciembre de 2021 y todos los meses del año 2022.

¡¡¡A diferenciar!!!

Intrastat y modelo tributario 349

Respecto a las diferencias y similitudes entre el Intrastat y el modelo 349, la confusión viene porque ambos mecanismos se centran en las operaciones intracomunitarias.

Pero, aunque *a priori* pueda parecerlo, no son lo mismo. El modelo 349 sirve para declarar las operaciones entre países miembros de la Unión Europea y el Intrastat solo informa para ofrecer datos.

Resumen del tema:

- En resumen, todo el tema 2 proporciona una visión integral de cómo las aduanas y los procesos asociados son elementos cruciales en el comercio internacional.
- Desde la clasificación arancelaria hasta la automatización con EDI, cada aspecto se destaca para ofrecer una comprensión profunda de este componente vital en la gestión del transporte internacional.

FUNDAMENTOS DE COMERCIO EXTERIOR Y GESTIÓN ADUANERA PARA EL TRANSPORTE INTERNACIONAL

ACTIVIDADES FINALES

TEST DE REPASO

2.1. **¿Cuál es el papel fundamental de las aduanas en el comercio internacional?**

a) Regular la producción de mercancías

b) Facilitar el flujo de mercancías a través de las fronteras

c) Controlar el mercado interno

2.2. **¿Qué función desempeñan las aduanas en la seguridad nacional?**

a) Proteger los derechos de autor

b) Prevenir la entrada de mercancías peligrosas

c) Fomentar el turismo

2.3. **¿Cuál es uno de los objetivos principales del funcionamiento aduanero?**

a) Aumentar el tráfico de mercancías

b) Regular el precio de los productos

c) Recaudar impuestos sobre importaciones

2.4. **¿Cuál es el primer paso en el proceso de despacho aduanero?**

a) Presentar la documentación requerida

b) Inspeccionar las mercancías

c) Obtener el permiso de importación

2.5. **¿Qué es necesario para autorizar el despacho aduanero de las mercancías?**

a) Pago de impuestos

b) Presentación de documentos adecuados

c) Ofrecer sobornos a los funcionarios aduaneros

2.6. **¿Cuál es la función del EDI en el proceso de despacho aduanero?**

a) Facilitar la comunicación electrónica entre las aduanas y los importadores/exportadores

b) Regular el tráfico de mercancías

c) Controlar el precio de las mercancías

2.7. **¿Qué permite hacer el intercambio electrónico de datos en el comercio internacional?**

a) Agilizar los procesos y reducir errores

b) Aumentar los costos de transacción

c) Facilitar la evasión de impuestos

© Ediciones Paraninfo

42

2.8. **¿Cuál es uno de los beneficios del EDI en el despacho aduanero?**

a) Aumentar la burocracia

b) Reducir los tiempos de espera en la aduana

c) Incrementar la probabilidad de errores

2.9. **¿Cómo se llama el sistema utilizado para el intercambio electrónico de datos en la Unión Europea?**

a) TARIC

b) INTRASTAT

c) EDI

2.10. **¿Qué describe el TARIC?**

a) La clasificación arancelaria de productos en la Unión Europea

b) Los tipos de transporte utilizados en el comercio internacional

c) Los acuerdos comerciales entre países

2.11. **¿Qué información proporciona el TARIC?**

a) Los nombres de los importadores y exportadores

b) Los aranceles y regulaciones aplicables a productos específicos

c) Los precios de mercado de los productos

2.12. **¿Quién utiliza el TARIC?**

a) Los transportistas

b) Las autoridades aduaneras y los comerciantes

c) Los consumidores

2.13. **¿Qué son los impuestos en el contexto del comercio internacional?**

a) Costos adicionales asociados al transporte de mercancías

b) Cargos gubernamentales sobre las importaciones y exportaciones

c) Ganancias obtenidas por los intermediarios en el proceso de importación/exportación

2.14. **¿Qué es el INTRASTAT?**

a) Un sistema de seguimiento de envíos internacionales

b) Un acuerdo comercial entre países vecinos

c) Un sistema de recopilación de estadísticas sobre el comercio de bienes dentro de la Unión Europea

2.15. ¿Para qué se utiliza la información recopilada por el INTRASTAT?

a) Para establecer tarifas de transporte

b) Para comprender el flujo de bienes dentro de la Unión Europea

c) Para determinar las tasas de cambio internacionales

2.16. ¿Qué tipo de mercancías suelen estar sujetas a inspección aduanera?

a) Todas las mercancías

b) Solo las mercancías perecederas

c) Mercancías sospechosas o de alto riesgo

2.17. ¿Quién tiene la autoridad para realizar inspecciones en las aduanas?

a) Únicamente los funcionarios aduaneros

b) Funcionarios de diversas agencias gubernamentales

c) Transportistas y exportadores

2.18. ¿Qué es una zona franca?

a) Una zona donde no se aplican impuestos aduaneros

b) Una zona donde solo se pueden importar productos específicos

c) Una zona donde solo pueden operar empresas locales

2.19. ¿Qué es el despacho aduanero anticipado?

a) Un proceso que se realiza después de que las mercancías han llegado al país de destino

b) Un proceso que permite a los importadores obtener la autorización aduanera antes de que lleguen las mercancías

c) Un proceso que se realiza únicamente para mercancías peligrosas

2.20. ¿Qué documentación se requiere generalmente para el despacho aduanero?

a) Factura proforma y carta de crédito

b) Conocimiento de embarque y certificado de origen

c) Pasaporte del importador y recibo de compra

2.21. ¿Cuál es uno de los principales beneficios del EDI en comparación con el intercambio de documentos en papel?

a) Mayor costo

b) Mayor riesgo de errores

c) Mayor eficiencia y velocidad en la transmisión de datos

2.22. **¿Qué tipo de información se puede intercambiar a través del EDI en el contexto aduanero?**

a) Información sobre precios de mercado

b) Información sobre permisos y licencias

c) Información sobre el clima

2.23. **¿Cuál es el propósito principal del TARIC?**

a) Establecer tarifas para el transporte internacional

b) Facilitar la clasificación arancelaria de productos

c) Regular los precios de mercado internacional

2.24. **¿Quién utiliza principalmente el TARIC?**

a) Exportadores

b) Importadores

c) Autoridades aduaneras y comerciantes

2.25. **¿Qué función cumplen los impuestos en el comercio internacional?**

a) Regular el flujo de bienes y servicios

b) Financiar programas de asistencia social

c) Promover la competencia entre empresas

3

Sistemas de transporte internacional

Este epígrafe aborda los elementos clave en la gestión del transporte internacional. Examina los diferentes modos de transporte (marítimo, aéreo, terrestre y ferroviario) y la documentación necesaria para cada uno. Analiza los tipos de vehículos utilizados y la subcontratación en el transporte. Explora la legislación del transporte y los seguros, fundamentales para la seguridad y la regulación. Destaca la importancia de los embalajes y la seguridad en las cargas, y, finalmente, se centra en las tarifas de transporte, considerando factores como la distancia y el tipo de mercancía.

El transporte internacional es una pieza clave en el engranaje del comercio global. Este capítulo profundiza en los diversos aspectos que rodean la gestión del transporte, desde los modos de transporte hasta la legislación y seguridad asociada.

3.1. Conceptos básicos de la gestión del transporte

A lo largo de la historia, la gestión del transporte ha evolucionado desde caravanas de camellos hasta redes logísticas globales. La creciente complejidad del comercio internacional ha llevado al desarrollo de sistemas de gestión del transporte más eficientes y especializados.

En un principio, a pie o a lomos de animales e, incluso, por mar, mediante botes o canoas, los hombres eran capaces de mantener redes de comunicación e intercambio. Bajo el reinado de los Reyes Católicos y, después, con los Borbones, se crearán en España redes de carreteras eficaces, como las seis vías que unían Madrid con la costa y la frontera.

Hasta la industrialización, el transporte a gran escala se realizaba por mar o vías fluviales, a través de carabelas o bajeles, mientras que los caminos eran inseguros y cortos y prevalecía un transporte tirado por mulos y fomentado por circuitos de ferias o mercados ambulantes.

La Revolución Industrial trae consigo el avance en transporte tanto internacional como nacional, gracias a la creación de vías seguras y al nacimiento del ferrocarril, el medio por excelencia que transportará mercancías y personas de forma rápida, segura y regular. Por su parte, la máquina de vapor mejorará el transporte marítimo, al aplicarse en los barcos.

Ya en el siglo xx, con los derivados del petróleo, se inicia el asfaltado de carreteras y la creación de vehículos rápidos con motores de explosión capaces de llegar a cualquier parte. Estos comienzan a ampliar su carga hasta dar lugar a la creación del camión completo, que desbanca al ferrocarril, al ahorrar tiempo en cargas y descargas del tren o almacenamiento en la estación, lo que abarata el precio.

El transporte de mercancías siempre ha sido uno de los más utilizados en el transporte mundial. La utilización de este transporte ha incentivado en la historia al desarrollo del comercio a través de importantes acuerdos como el GATT, el AGCS y en ADPIC, pero también la política comercial del Tratado de Lisboa y algunas instituciones como la organización para la cooperación y el desarrollo económico y la conferencia de las Naciones Unidas para el comercio y el desarrollo.

- ACUERDO GATT: en noviembre de 1947, el acuerdo fue firmado por 23 países. Su función consistía en ser un «código de buena conducta», basado en el principio de no discriminación, reducción de cupos, aranceles y prohibición de cárteles y *dumpings*. Durante la década de 1960, el GATT contribuyó a un crecimiento mundial debido al éxito en las continuas reducciones de aranceles.

Todo país miembro tiene derecho a exigir de otro las mismas ventajas comerciales que las concedidas por este último a cualquier otro país miembro.

De 1970 a 1980, tuvo una crisis acelerada debido a la reducción de los aranceles a niveles muy bajos, lo cual inspiró a los gobiernos de Europa y Estados Unidos a idear formas de protección para los sectores que se enfrentaban con una mayor competencia en los mercados, creando altas tasas de interés.

■ ACUERDO AGCS: el Acuerdo General sobre el Comercio de Servicios (AGCS) es un tratado de la Organización Mundial del Comercio (OMC) que entró en vigor en 1995.

Los objetivos perseguidos son los siguientes:

1. Crear un sistema fiable y predecible de normas internacionales para el comercio de servicios.

2. Facilitar la liberalización progresiva de los mercados de servicios. Todos los miembros de la OMC son partes en el AGCS. Los principios fundamentales del AGCS se aplican, en principio, a todos los sectores de servicios.

■ ACUERDO ADPIC: aspectos de los Derechos de Propiedad Intelectual relacionados con el Comercio. El Acuerdo sobre los ADPIC es un acuerdo de normas mínimas, que permite a los miembros prestar una protección más amplia a la propiedad intelectual si así lo desean. Se les deja libertad para determinar el método apropiado de aplicación de las disposiciones del Acuerdo en el marco de sus sistemas y usos jurídicos.

■ TRATADO DE LISBOA: el Tratado de Lisboa otorga a la Unión personalidad jurídica propia. Por tanto, la Unión está facultada para firmar acuerdos internacionales en los ámbitos de competencia que tiene atribuidos y para adherirse a una organización internacional.

Entre los países inscritos a los acuerdos sobre el transporte internacional podemos contar con alrededor de 23. Algunos de ellos son EE. UU., Australia, Birmania, Francia, Nueva Zelanda o España. La buena contribución de las empresas de logística y las agencias de transporte en el comercio internacional ha ayudado a que a lo largo de los años se hayan reducido los costes en la innovación, así como el crecimiento de estas, lo que ha conllevado la mejora del transporte de mercancías.

La gestión eficaz del transporte garantiza la entrega oportuna de mercancías, minimizando costes y optimizando rutas. La coordinación precisa es esencial para mantener la integridad de la cadena de suministro.

CONCEPTOS CLAVE

- **Planificación logística:** coordinación y planificación de la ruta y el tiempo de entrega.
- **Optimización de recursos:** uso eficiente de vehículos y recursos para minimizar costes.
- **Seguimiento y control:** sistemas modernos de seguimiento para garantizar la visibilidad y seguridad de las mercancías.

3.2. Modos de transporte y documentación

Desde caravanas y barcos hasta aviones y trenes de alta velocidad, los modos de transporte han evolucionado para satisfacer las demandas cambiantes del comercio internacional.

La elección del modo de transporte adecuado impacta directamente en los costes, tiempos de entrega y la seguridad de las mercancías. La documentación precisa acompaña cada envío, facilitando su paso por las aduanas y asegurando la trazabilidad.

Tipos de transporte:

- Marítimo: ideal para grandes volúmenes y distancias largas.
- Aéreo: rápido, pero generalmente más costoso, adecuado para envíos urgentes.
- Terrestre: versátil y eficiente para distancias cortas y medianas.
- Ferroviario: eficiente para grandes volúmenes y distancias terrestres.
- Documentación aduanera: facturas, conocimientos de embarque y otros documentos esenciales para el despacho aduanero.

Transporte interurbano por tipo de transporte y distancia. Febrero 2023.
Tasa anual. Porcentaje

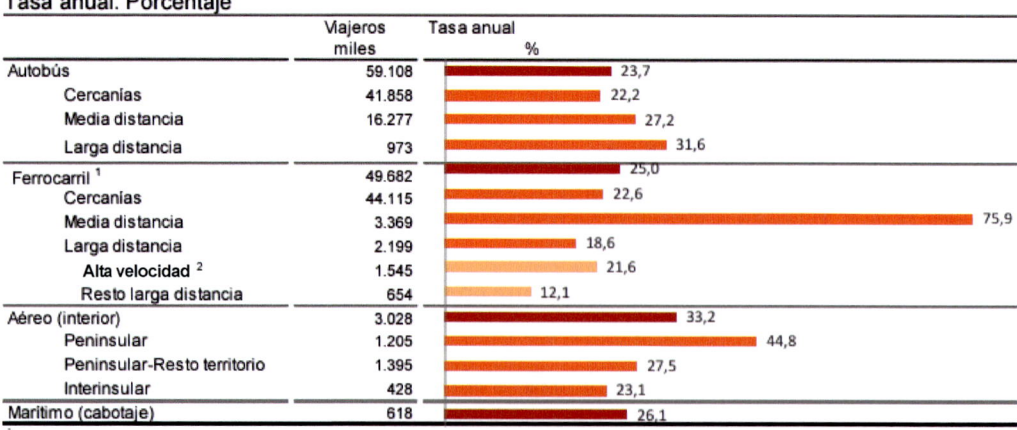

	Viajeros miles	Tasa anual %
Autobús	59.108	23,7
Cercanías	41.858	22,2
Media distancia	16.277	27,2
Larga distancia	973	31,6
Ferrocarril [1]	49.682	25,0
Cercanías	44.115	22,6
Media distancia	3.369	75,9
Larga distancia	2.199	18,6
Alta velocidad [2]	1.545	21,6
Resto larga distancia	654	12,1
Aéreo (interior)	3.028	33,2
Peninsular	1.205	44,8
Peninsular-Resto territorio	1.395	27,5
Interinsular	428	23,1
Marítimo (cabotaje)	618	26,1

Figura 3.1. Febrero 2023.

Tipos de transporte

1. Transporte internacional por carretera

El **transporte internacional por carretera** es uno de los más elegidos a pesar de que la velocidad y la calidad del servicio disminuye según nos alejamos de las áreas más industrializadas. En todo caso, aunque se elija enviar la mercancía en avión o barco, **la entrega final suele estar en manos de los vehículos terrestres.**

El tamaño y el peso de la mercancía definirá la clase de camión necesario para cargar con ella. Los remolques están preparados para que encajen con las medidas estándar de palés.

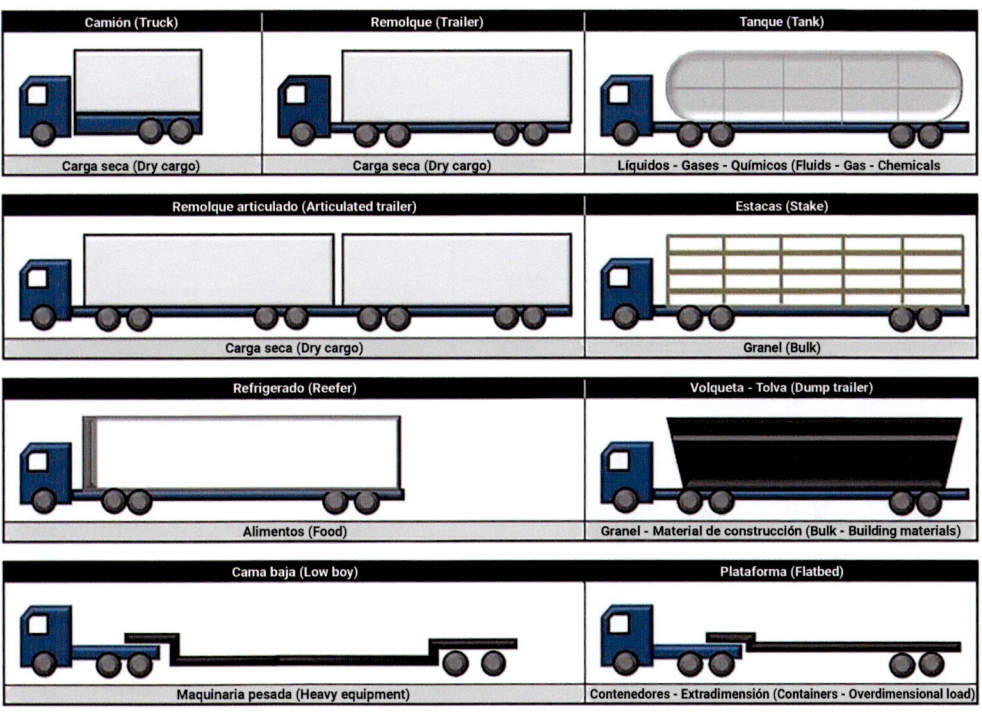

Figura 3.2. Vehículos terrestres.

Ventajas del transporte por carretera:

- Es económico.

- Es rápido.

- Se trata de un medio versátil, ya que es adecuado en distancias cortas y largas.

- Se adapta a la perfección a las distintas mercancías al preparar los camiones a unas condiciones concretas.

Inconvenientes del transporte por carretera:

- La velocidad depende de la congestión del tráfico por carretera.

Documento especial para este tipo de transporte:

CMR (carta de porte por carretera). Es un documento que **recoge las responsabilidades y obligaciones de las partes** en un transporte internacional de mercancías por carretera. El formulario lo suele cumplimentar el conductor del camión, pero **el responsable de que la información sea correcta es el exportador,** que deberá firmarlo en el momento de recogida de la mercancía. También **el destinatario firmará el documento de entrega.**

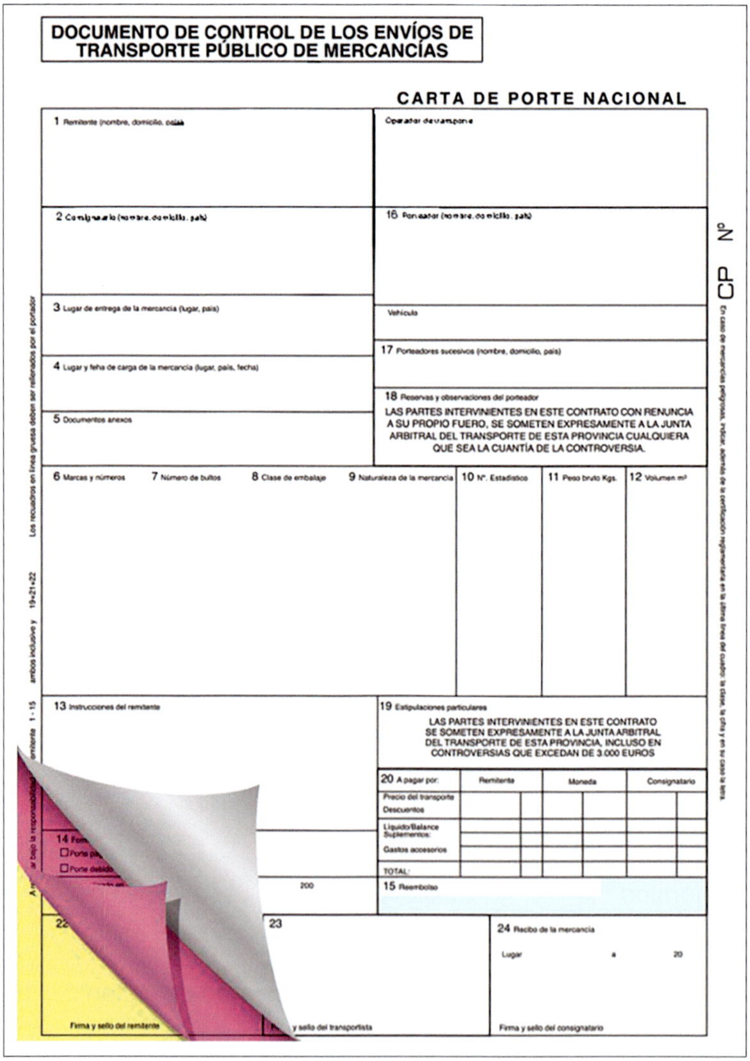

Figura 3.3. Carta de porte de tres copias.

¿Qué pasa si el transportista no lleva carta de porte y le para la Guardia Civil?

Multas previstas en la LOTT en relación con la carta de porte:

Es una *infracción grave* la carencia, falta de diligenciado o de los datos esenciales del documento de control o carta de porte (141.5 apdo. 11 y 141.17 LOTT).

Multa: 801 a 1000 euros.

Son *infracciones muy graves* en el transporte de mercancías peligrosas:

- No llevar a bordo del vehículo una carta de porte que cubra todas las mercancías transportadas o llevarla sin consignar cuáles son estas.

- Consignar de forma inadecuada en la carta de porte las mercancías transportadas.

Multa de 4001 a 6000 euros.

Cuando el responsable de estas ya hubiere sido sancionado mediante resolución que ponga fin a la vía administrativa por la comisión de cualquier otra *infracción muy grave* de las previstas en la LOTT en los 12 meses anteriores.

Multa de 6001 a 18 000 euros.

2. Transporte ferroviario

El transporte ferroviario consiste en el envío de bienes o personas en tren. Este medio de transporte está limitado a las infraestructuras ferroviarias instaladas por todo el continente, por lo que las rutas y trayectos están limitados a estas.

Ventajas del transporte en ferrocarril:

- Se trata de una fórmula idónea para transportar mercancía a largas distancias y, en especial, para las cargas al por mayor.

- Es muy fiable y se utilizan contenedores estándar que facilitan las labores de traslado entre un tipo de transporte y otro.

Inconvenientes:

- Es normalmente utilizado como transporte intermodal para enlazar con otro tipo de transporte: camión, barco o avión y, por tanto, hay coste de transbordo entre un modo de transporte y otro.

- Menos flexible y rápido que el transporte por carretera.

3. Transporte marítimo

Ventajas del transporte marítimo:

- Es económico, lo que lo convierte en ideal cuando la entrega de la carga no exige una gran rapidez.

- Existe una gran variedad de buques especializados en distintos tipos de mercancías y pueden llevar desde líquidos hasta mercancías perecederas pasando por carga a granel.

- Los precios se adaptan al peso transportado, siendo más beneficiosos cuanta más carga se quiera transportar.

Inconvenientes:

- Los tiempos de transporte suelen ser lentos y varían dependiendo de las rutas y de las variables climatológicas. Por ejemplo, trasladar un contenedor desde un puerto europeo a los Estados Unidos tarda unos 10-12 días.

- Existe cierta dificultad para hacer el seguimiento de las mercancías en tránsito.

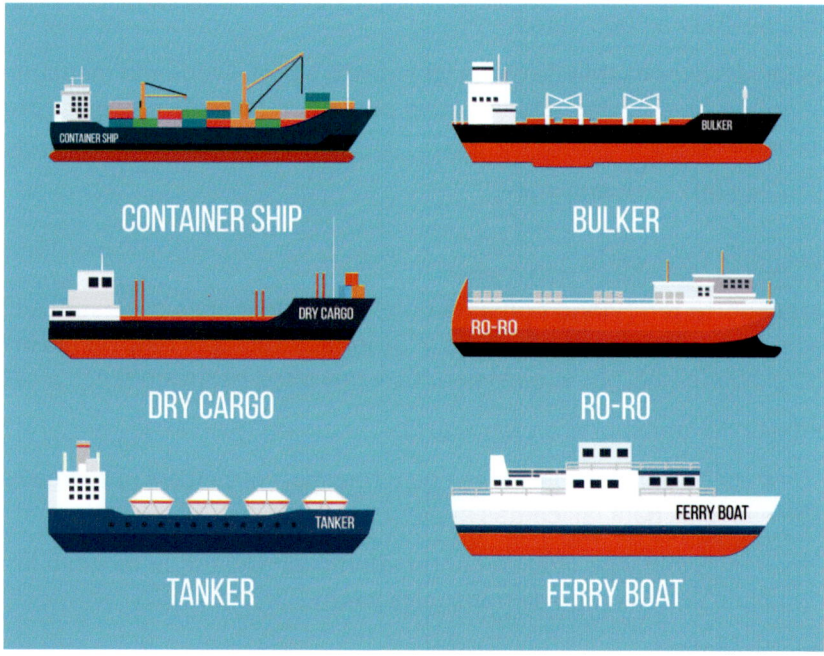

Figura 3.4. Tipos de transporte marítimo.

Documento especial para este tipo de transporte:

Conocimiento de embarque. También conocido como *Bill of Landing*, es emitido por la empresa que realiza el transporte marítimo y **lo debe firmar el capitán para ratificar la recepción de la mercancía** en las bodegas de la nave, así como las condiciones del transporte y el compromiso de entrega en destino.

Cabe mencionar que el transporte marítimo tiene una amplia serie de figuras contractuales, como el premanifiesto marítimo, el manifiesto marítimo, el *High Sea Sales*, el *Admitase Colla* o póliza de fletamento.

4. Transporte aéreo

El precio del transporte por avión viene determinado sobre todo por el peso y volumen de la mercancía y la urgencia exigida. Se utiliza, sobre todo, para mercancías de alto valor y, por ello, es recomendable contratar un seguro que cubra el coste de la carga.

Ventajas del transporte en avión:

■ Es el tipo de transporte más rápido, tarda entre 24 y 48 h.

Inconvenientes del transporte en avión:

■ El coste del transporte aéreo es el más alto de todos los tipos.

■ Está condicionado por la cercanía de un aeropuerto.

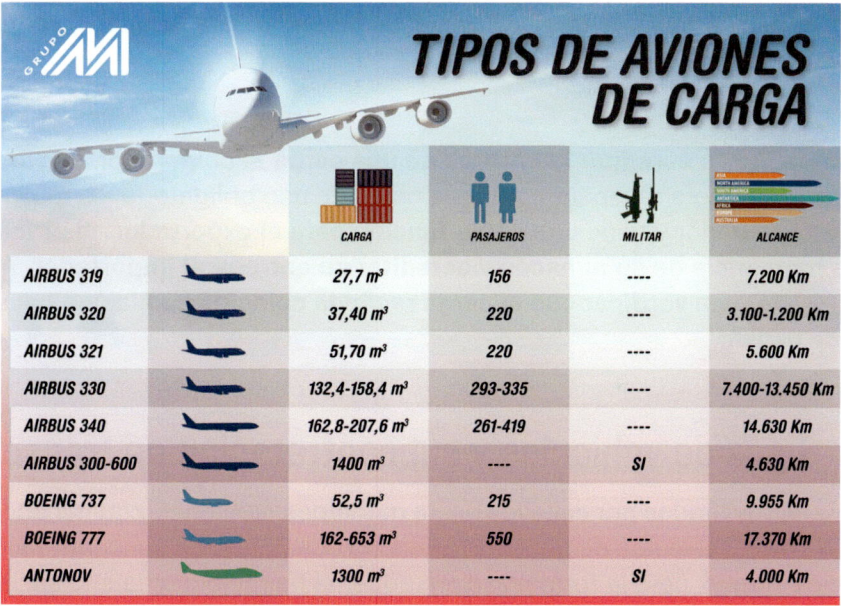

		CARGA	PASAJEROS	MILITAR	ALCANCE
AIRBUS 319		27,7 m³	156	----	7.200 Km
AIRBUS 320		37,40 m³	220	----	3.100-1.200 Km
AIRBUS 321		51,70 m³	220	----	5.600 Km
AIRBUS 330		132,4-158,4 m³	293-335	----	7.400-13.450 Km
AIRBUS 340		162,8-207,6 m³	261-419	----	14.630 Km
AIRBUS 300-600		1400 m³	----	SI	4.630 Km
BOEING 737		52,5 m³	215	----	9.955 Km
BOEING 777		162-653 m³	550	----	17.370 Km
ANTONOV		1300 m³	----	SI	4.000 Km

Figura 3.5. Tipos de aviones de carga.

Documento especial para este tipo de transporte:

Carta de porte aéreo (AWB). En inglés *Air Waybill*, se trata de un documento que cubre el transporte de la mercancía entre dos aeropuertos. En él **debe figurar un consignatario**, que puede ser el comprador o los agentes transitarios en el país del comprador.

Documento especial para combinar diferentes tipos de transporte:

Conocimiento de embarque multimodal (FBL). Se trata de un **documento que cubre dos o más modos de transporte**, quizá siendo la más típica la combinación de transporte de contenedores por carretera y por mar. Se utiliza, asimismo, como **contrato de transporte y comprobante de la recepción** de la mercancía.

Documentos que acompañan a la mercancía

Factura comercial internacional

Se trata de un documento administrativo con **toda la información sobre una venta internacional**, desde el **concepto**, la **cantidad** e **importe** de los productos y servicios vendidos, a las **condiciones** de entrega y pago y, cómo no, los **impuestos** debidos. Es una factura que sirve tanto **al importador para declarar a la autoridad fiscal** de su país como **al exportador como prueba de las ventas realizadas al mercado exterior.**

Packing List

También conocida como *lista de contenidos*, **se centra mucho más en detalles como la descripción, peso y cantidad de la mercancía, el número de bultos o paquetes, así como su numeración y marcas de expedición**. Una copia de esta lista viaja con la mercancía, mientras que otra se envía al destinatario para facilitar el control de la recepción.

Albarán de entrega

Su cometido es **acreditar la entrega de una carga** al comprador, que lo firma para indicar la correcta recepción. Aunque no es de uso obligatorio, es muy habitual en comercio exterior y tiene una **doble función para el exportador: justificar la salida de la mercancía** de su almacén y **acreditar su entrega al importador**. Al **importador** le sirve para **verificar que la carga recibida coincide con** la que figura en l**a orden de pedido**.

3.3. Tipos de vehículos y subcontratación de transporte

Desde carros tirados por caballos hasta modernos camiones y contenedores, la evolución de los vehículos de transporte ha sido constante. La subcontratación ha sido práctica común, pero la formalización moderna ha mejorado la eficiencia y la seguridad.

La elección del vehículo adecuado y la subcontratación eficiente optimizan la cadena de suministro, garantizando la entrega puntual y la integridad de las mercancías.

Son muchas las empresas que utilizan el *outsourcing* a la hora de externalizar sus servicios, confiando la realización de algunas tareas a terceros para que estas se desempeñen de una manera más profesional o eficiente.

¿Qué es el *outsourcing*?

Para saber qué es el *outsourcing* lo primero que debemos saber es que el término *outsourcing* proviene de la unión en inglés de *out* (fuera) y *source* (fuente), lo cual en español se traduciría como la externalización o subcontratación.

© Ediciones Paraninfo

De esta forma, el *outsourcing* está relacionado con aquellas situaciones en las que una empresa subcontrata servicios de un tercero ajeno a la empresa para que este desempeñe o gestione ciertas tareas mediante un plazo de tiempo anteriormente fijado.

¿Para qué sirve el *outsourcing*?

El hecho de subcontratar o exteriorizar algunas labores o servicios (*outsourcing*) de la empresa puede traer muchos beneficios para esta, por ejemplo:

- **Reducción de costes:** debido a la inversión realizada en la subcontratación que se contabiliza como coste variable, pero si no externalizamos sería un coste fijo.

- **Mas tiempo con menos esfuerzo:** ya que no tenemos que preocuparnos de convertirnos en profesionales de los servicios que externalizamos, por lo que ahorramos tiempo y esfuerzo.

- **Mayor margen de error:** al disponer de personal y tecnología especializada.

- **Rendimiento superior:** todo se hará más rápido y de manera más eficiente, por lo que el rendimiento de la compañía se verá incrementado.

En resumen, el *outsourcing* puede ayudar a las empresas a mejorar su eficiencia, reducir costes y centrarse en su negocio principal, mientras se benefician de la experiencia y tecnología de proveedores de transporte o servicios especializados.

Outsourcing y el transporte: los mejores aliados

Dentro del sector del transporte de mercancías existen multitud de pymes que no cuentan con los recursos necesarios o la liquidez para invertir o especializarse en algunas actividades que quizás tengan bastante importancia para la empresa. Es por ello, que surge el *outosourcing* como método a través del cual las empresas de transporte subcontratan ciertos servicios a terceros.

Actualmente, más del 90 % de las empresas de transporte subcontratan servicios de manera parcial o completa.

El principal inconveniente que se presenta en cuanto a la repercusión del *outsourcing* en empresas de transporte reside en el número de operaciones que se realizan, puesto que si contamos con un número muy bajo de operaciones contaremos con un punto de partida desfavorable a la hora de negociar las tarifas con el proveedor.

En estas circunstancias, lo mejor sería contratar el servicio con empresas intermediarias que, gracias a su alto volumen de operaciones continuas, cuentan con un mayor poder de negociación y podrán conseguir precios mucho más económicos que al intentar negociar directamente con el transportista.

En resumen, el *outsourcing* en el transporte de mercancías puede ser una estrategia valiosa para mejorar la eficiencia, reducir costes y aumentar la flexibilidad en las operaciones logísticas de la empresa, lo que puede contribuir a un mejor servicio al cliente y a la mejora de la rentabilidad.

Tipos de vehículos

Camiones rígidos

Este tipo de camión es aquel en el que la cabina del conductor y el remolque, sobre el que se transportan las mercancías, están unidos en una sola pieza indivisible. Estos camiones suelen tener unas dimensiones más reducidas que el resto, lo cual los convierte en una de las mejores alternativas para realizar actividades de transporte dentro de los núcleos urbanos y de paquetería.

Camiones articulados

Los camiones articulados se diferencian de los anteriores en que la cabina del conductor y el remolque no forman parte de la misma estructura, es decir, son dos unidades independientes que pueden separarse.

Tráileres o remolques

Los tráileres son un tipo de vehículo de carga no monitorizados; no pueden movilizarse por sus propios medios, sino que requerirán de una cabina o un tractocamión que lo remolque. Pueden ser de dimensiones muy distintas, aunque los más grandes suelen tener una masa máxima autorizada de unos 750 kilogramos.

Trenes de carretera

Los trenes de carretera son camiones con uno o varios semirremolques unidos. Un ejemplo de trenes de carretera son los megacamiones, vehículos que pueden llegar hasta los 25,25 metros de longitud y transportar cargas de hasta 60 toneladas.

Camiones frigoríficos

Los camiones frigoríficos son los que se utilizan para realizar el transporte terrestre de mercancía que va refrigerada. Dentro de este tipo de camiones encontramos los frigoríficos, los refrigerados o isotermos, dependiendo de si cuentan con sistemas de generación de frío o si solo cuentan con un aislamiento de temperatura con el exterior. Por lo tanto, estos camiones suelen ser los más utilizados para el transporte de productos alimentarios que requieran conservarse en frío.

Cuando se transporta por camión o ferrocarril, se hace una diferencia entre una carga dispersa y una carga completa.

Carga dispersa significa que en un camión o vagón de ferrocarril hay palés de varios vendedores, es decir, un grupaje; se comparten los gastos de transporte con otras empresas que también han comprado un espacio.

El transporte subcontratado es un servicio en el que una empresa encarga los servicios de otra empresa para realizar sus operaciones de transporte. En este tipo de transporte, la empresa contratista se ocupa de la planificación, ejecución y gestión de los envíos y entregas de mercancías.

El transporte subcontratado es una práctica común en muchas industrias, especialmente en aquellas que requieren realizar envíos frecuentes de mercancías. Al subcontratar el transporte, las empresas pueden beneficiarse de la experiencia y capacidad de otras compañías especializadas en el sector logístico y de transporte.

Existen diferentes tipos de transporte subcontratado, como el transporte terrestre, marítimo y aéreo. Cada uno de ellos tiene sus propias características y requisitos, por lo que es importante seleccionar la empresa subcontratada adecuada para cada tipo de transporte.

Uno de los principales beneficios del transporte subcontratado es la reducción de costes. Al subcontratar el transporte, las empresas pueden ahorrar en gastos de inversión en vehículos, personal y mantenimiento, entre otros. Además, al contar con la experiencia y recursos de una empresa especializada, se pueden optimizar las rutas y procesos logísticos, lo que también se traduce en ahorros en tiempo y recursos.

Otro beneficio del transporte subcontratado es la flexibilidad que ofrece a las empresas. Al contratar a una empresa externa, las compañías pueden ajustar el volumen y tipo de transporte según sus necesidades, sin tener que preocuparse por la gestión de la flota y la logística interna. Esto les permite enfocarse en su negocio principal y dedicar más recursos a otras áreas estratégicas.

3.4. Legislación del transporte y seguros

A lo largo de los siglos, la legislación del transporte ha evolucionado para abordar desafíos cambiantes y proteger los intereses de todas las partes involucradas. Los primeros seguros marítimos surgieron en la antigua Grecia.

La legislación del transporte establece estándares de seguridad y responsabilidad, mientras que los seguros proporcionan protección financiera contra pérdidas.

Conviene diferenciar entre:

■ Regulaciones de seguridad: establecen estándares para garantizar la integridad de las mercancías y la seguridad de los trabajadores.

■ Seguros de carga: protegen contra pérdidas y daños durante el transporte.

Seguros

El seguro de transporte de mercancías consiste en un contrato mediante el cual la figura del asegurador tiene la responsabilidad de asumir tanto los daños como las pérdidas de material de transporte o de las mercancías durante el trascurso de este por cualquier vía (aérea, terrestre, marítima o fluvial).

¿Qué es una póliza de transporte y para qué sirve?

Una póliza de transporte está pensada principalmente para los profesionales autónomos y las empresas especializadas en el transporte ante incidencias como, por ejemplo, la pérdida de artículos o los daños que pueda sufrir la mercancía durante su desplazamiento. Existen seguros adaptados a cada medio de transporte, de manera que se tienen especialmente en cuenta las particularidades que pueden tener los desplazamientos aéreos frente al marítimo, o los de estos en relación con los de carretera.

Una póliza de seguro de transporte puede contratarse desde un nivel básico hasta una especie de todo riesgo. En términos generales, está diseñada para cubrir todo tipo de accidentes, como averías, colisiones o pérdida de mercancías. También está incluido el robo hasta un máximo económico delimitado de antemano.

Además, existen otros tipos de coberturas ligadas al comercio internacional como la póliza de crédito a la exportación, que cubre cualquier riesgo de impago o pago aplazado por parte del comprador o deudor extranjero.

Clases de póliza del seguro de transporte

Las pólizas de mercancías más habituales son los seguros de transporte terrestre, habida cuenta de que la mayoría de los envíos comerciales en el planeta se lleva a cabo por carretera. Estas pólizas cubren las mercancías de posibles daños relacionados con el envío, el transporte y la recepción de mercancías por carretera.

De este modo, se indemnizará al beneficiario en el caso de que se produzca la destrucción, un daño relevante o la desaparición de las mercancías que se encuentren aseguradas, desde que la mercancía es cargada hasta que se entrega.

En cualquier caso, es posible hablar de los siguientes tipos de pólizas de transporte:

- **Eventual o sencilla:** que tiene como fin cubrir el transporte de una mercancía en unas condiciones concretas y en una única vez.

- **Póliza flotante:** que asegura según el tipo de mercancía que se vaya a trasladar. Con anterioridad al traslado, el asegurado está obligado a informar a la aseguradora sobre la evaluación de la carga y, sobre esas condiciones, se le dará cobertura.

- **Regularizable:** en donde para cada traslado habrá una prima mínima que se revisará anualmente de acuerdo con el tipo de volumen que se haya contratado. Este tipo de seguro es el preferido por aquellas compañías que realizan el transporte de grandes volúmenes.

- **De abono:** que ofrece cobertura a un vehículo en concreto sin importar los desplazamientos que lleve a cabo y sin tener que informar con carácter previo antes de efectuarlos.

Tipos de seguros de transporte

No es lo mismo transportar una mercancía en avión, tren, barco o camión, principalmente porque el nivel de riesgo es distinto de acuerdo con el medio que se utilice. Lo que sí es igual en todos los casos es la obligación de las empresas de transporte de responder en el caso de que se produzcan daños en la carga en tránsito.

En cualquier caso, cabe destacar lo siguiente de cada tipo de seguro de transporte:

Seguro de transporte internacional

El seguro de transporte internacional es un tipo de contrato donde la compañía aseguradora está obligada a pagar una indemnización al cliente asegurado si durante el transporte de la mercancía esta recibe algún tipo de daño, desperfecto o se extravia.

Seguro de transporte por carretera

El transporte internacional de mercancías por carretera se rige por el Convenio relativo al Contrato de Transporte Internacional de Mercancías por Carretera, firmado en Ginebra en 1956.

De acuerdo con este Convenio, el transportista por carretera no es responsable de las pérdidas o daños sufridos si demuestra que proceden de vicio propio de la mercancía, fuerza mayor o una falta imputable al cargador o al destinatario. En la Unión Europea no existe una normativa propia sobre indemnizaciones por transporte de mercancías por carretera.

Seguro de transporte ferroviario

Está regulado por el Convenio relativo a los Transportes Internacionales por Ferrocarril, firmado en Berna en 1980.

Los transportistas ferroviarios no son responsables de las pérdidas o daños a las mercancías si son capaces de demostrar que se han producido a partir de vicio propio de la mercancía, causas de fuerza mayor o una falta imputable al cargador o al destinatario.

Tampoco existe en Europa una regulación general sobre indemnizaciones por este tipo de transporte.

Seguro de transporte marítimo

Se rige por el Convenio Internacional sobre el Conocimiento de Embarque de 1968, que determina las responsabilidades de los transportistas marítimos en el transporte de mercancías internacionales.

La compañía naviera no es responsable de las pérdidas o daños de bienes si prueba que se han producido por motivos como vicios propios de la mercancía, negligencia de la tripulación, incendio o defectos ocultos a bordo del buque, entre otros.

No existe una armonización a nivel de la Unión Europea en relación con la indemnización, que normalmente se limita a un determinado importe por kilogramo de mercancías perdidas o dañadas.

Seguro de transporte aéreo

De acuerdo con el Tratado de Montreal, de 1975, las compañías aéreas no son responsables de daños o pérdidas de bienes si puede demostrarse que el transportista adoptó las medidas necesarias para evitar el daño, que las pérdidas procedían de un error de conducción o de pilotaje, o que la parte perjudicada ha sido causante del daño o ha contribuido a este.

No existe ninguna norma de la Unión Europea sobre la indemnización de la parte perjudicada. Normalmente, está limitada a una cierta cantidad por kilo bruto de mercancías perdidas o dañadas.

¿El seguro de responsabilidad civil para transportistas es obligatorio?

No se trata de un producto de contratación obligatoria, pero sí que es recomendable para los profesionales, bien se trate de trabajadores autónomos o de agencias de transportes que se dediquen a este negocio.

3.5. Embalajes y seguridad en las cargas

Desde cajas de madera hasta embalajes especializados y tecnologías modernas, la forma en que se empaquetan las mercancías ha evolucionado para garantizar su seguridad durante el transporte.

El embalaje adecuado es esencial para prevenir daños durante el transporte y garantizar la entrega de mercancías en condiciones óptimas.

3.5.1. Embalaje primario

El embalaje primario, o embalaje principal, es aquel que se encuentra en contacto directo con el producto.

Figura 3.6. Embalaje primario.

Este tipo de embalaje, además de proteger, es el que cumple directamente la cuestión estética del producto. Constituye una carta de presentación, puesto que tiene la finalidad de atracción y persuasión.

Los siguientes son ejemplos de embalaje primario:

- La botella de vidrio que contiene el vino tinto.

- La lata de un refresco.

- El frasco de cristal que contiene perfume.

- El estuche de unas gafas de sol.

3.5.2. Embalaje secundario

Este tipo de embalaje permite agrupar varios empaques primarios. Tiene la finalidad de mejorar la manipulación del producto al interior de los almacenes.

También cumple la finalidad de marca, comercialización y exhibición del producto tal como ocurre en los supermercados.

A continuación, presentamos algunos ejemplos de embalaje secundario:

- Caja de cartón reforzado que contiene envases de leche.

- Caja de cereal.

- Estuche de maquillajes.

- Caja de sopas instantáneas.

Figura 3.7. Embalaje secundario.

3.5.3. Embalaje terciario

Es aquel que agrupa y soporta los embalajes secundarios para evitar que se produzcan daños durante el manejo, depósito y transporte de la carga.

Figura 3.8. Embalaje terciario.

3.5.4. Tipo de embalajes con cada una de sus funciones

¿Cómo elegir el embalaje según su función? Se profundizará más en los tipos de embalajes según su función, porque esto es lo que más se suele tener en cuenta en el transporte de mercancías.

- **Contenedores.** Los contenedores son embalajes que permiten mucha carga y se suelen utilizar para el transporte multimodal. Esto es así porque son cajas de grandes dimensiones. Pueden variar en longitud y tamaño.

- **Palés.** Son plataformas usadas para asegurar y conservar la mercancía en grandes cantidades. Facilitan su movimiento y permiten agruparlas para su distribución o almacenamiento.

- **Bolsas grandes.** Son flexibles, económicas y permiten una gran distribución. Los sacos también se tienen en cuenta porque se crean por varias capas que se cierran cuando se ha llenado su totalidad.

- **Embalajes de espuma de poliuretano.** Dan más amortiguación y protegen las mercancías. Se suelen utilizar para mercancías de poco peso.

- **Embalajes de plástico de burbujas.** Estas burbujas de papel con aire comprimido amortiguan y, a diferencia de los anteriores, son para productos más frágiles y ligeros. Se adaptan a la forma de los productos con mayor facilidad.

- **Embalajes de espuma moldeable.** Se adaptan perfectamente a la forma de cada producto enviado en ellos, protegen los bordes y refuerzan las esquinas.

- **Cartón corrugado.** Son láminas de cartón sencillas o dobles que evitan golpes. Se colocan entre el contenedor y sobrante de la mercancía.

- **Embalajes de siluetas angulares.** Están pensados para proteger las esquinas de las mercancías.

- **Cajas modulares.** Tienen diferentes tamaños, por lo que se pueden poner unas dentro de otras.

3.6. Tarifas de transporte

Las tarifas de transporte impactan directamente en los costes de la cadena de suministro y, por lo tanto, en la competitividad de los productos en el mercado.

Las tarifas de transporte son el coste de enviar artículos de un lugar a otro. Los factores que afectan la tarifa de transporte final incluyen la modalidad de transporte, el peso y el tamaño de los artículos que se envían, los precios del combustible, la capacidad, la temporada, la ruta de envío y más.

Tipos de gastos en que se incurren al realizar envíos de mercancías:

- Gastos relacionados con el flete.

- Recargos de las navieras.

- Recargos locales.

- Extracostes por retrasos.

- Aranceles e impuestos.

- Gastos de aduanas.

- Gastos portuarios.

- Gastos del transporte terrestre.

- Gastos en destino.

- Documentación.

- Seguro de la mercancía.

- Costes adicionales.

La fijación de tarifas en el sector del transporte es un arte complejo que va más allá de simplemente cubrir los costes operativos. Las empresas de transporte se enfrentan a una serie de variables que influyen directamente en la determinación de tarifas que sean competitivas, atractivas para los clientes y sostenibles desde el punto de vista financiero.

Vamos a explorar las principales variables que las empresas de transporte tienen en cuenta al establecer sus tarifas.

■ Costes operativos

Uno de los pilares fundamentales en la fijación de tarifas es la consideración de los costes operativos. Esto incluye no solo el combustible, mantenimiento y depreciación de vehículos, sino también los costes asociados con la gestión de la cadena de suministro y la logística. Las empresas deben calcular de manera precisa estos costes para establecer tarifas que les permitan operar eficientemente y obtener beneficios.

■ Demanda del mercado

La demanda del mercado es un factor dinámico que las empresas deben monitorear de cerca. Los picos de demanda en ciertos periodos o rutas pueden permitir a las empresas ajustar sus tarifas de manera estratégica. Comprender las fluctuaciones de la demanda permite una fijación de precios más flexible y adaptable a las condiciones del mercado.

■ Competencia en el sector

La competencia es feroz en el sector del transporte, y las empresas deben tener en cuenta las tarifas ofrecidas por sus competidores. Establecer tarifas competitivas, pero rentables, es esencial para atraer y retener clientes en un mercado saturado.

■ Tecnología y eficiencia operativa

La adopción de tecnologías avanzadas para la gestión de flotas y la optimización de rutas puede tener un impacto significativo en la eficiencia operativa. Las empresas que utilizan tecnología de manera efectiva pueden reducir costes operativos, lo que, a su vez, puede reflejarse en tarifas más competitivas para los clientes.

■ Regulaciones y cumplimiento

Las regulaciones gubernamentales y los requisitos de cumplimiento también desempeñan un papel crucial en la fijación de tarifas. Las empresas deben ajustarse a normativas específicas, y el coste de cumplir con estas regulaciones se incorpora a la estructura de tarifas.

En resumen, la fijación de tarifas en empresas de transporte es un equilibrio delicado entre costes operativos, demanda del mercado, competencia, eficiencia operativa y cumplimiento normativo. Las empresas que logran comprender y gestionar estas variables de manera efectiva pueden ofrecer tarifas que sean justas para los clientes, competitivas en el mercado y sostenibles para el negocio a largo plazo. Este enfoque estratégico es esencial en un sector que evoluciona constantemente, permitiendo a las empresas no solo sobrevivir, sino prosperar en un entorno altamente competitivo.

Resumen del tema:

- Todo este tema ofrece una visión integral de los sistemas de transporte internacional.

- Desde la gestión estratégica hasta la elección de modos de transporte, la legislación, la seguridad y las tarifas, cada aspecto se aborda para proporcionar una comprensión completa de la complejidad del transporte de mercancías a nivel global.

ACTIVIDADES FINALES

TEST DE REPASO

3.1. ¿Qué implica la gestión del transporte en el contexto internacional?

a) Coordinar la entrega de productos dentro de un país

b) Planificar y optimizar el movimiento de mercancías a nivel global

c) Controlar los precios del transporte en el mercado local

3.2. ¿Cuál es uno de los objetivos principales de la gestión del transporte?

a) Maximizar los costos de envío

b) Minimizar los tiempos de entrega

c) Aumentar la complejidad de la logística

3.3. ¿Qué aspecto es crucial en la gestión del transporte para garantizar la satisfacción del cliente?

a) Velocidad de entrega

b) Costos bajos

c) Calidad del embalaje

3.4. ¿Cuáles son los modos principales de transporte utilizados en el comercio internacional?

a) Solo transporte aéreo y marítimo

b) Aéreo, marítimo, terrestre y ferroviario

c) Solo transporte terrestre y marítimo

3.5. ¿Cuál es la ventaja principal del transporte marítimo en comparación con otros modos de transporte?

a) Velocidad

b) Flexibilidad

c) Capacidad para transportar grandes volúmenes de carga

3.6. ¿Qué documento es esencial para el transporte marítimo?

a) Factura proforma

b) Carta de porte marítimo

c) Permiso de importación

3.7. ¿Qué tipo de vehículo se utiliza comúnmente para el transporte de mercancías a larga distancia por carretera?

a) Camión

b) Bicicleta

c) Automóvil

3.8. ¿Qué es la subcontratación de transporte?

a) La compra de vehículos para la flota de una empresa

b) La externalización de servicios de transporte a terceros

c) La venta de mercancías a intermediarios

3.9. ¿Por qué es importante la legislación del transporte en el comercio internacional?

a) Para garantizar la calidad de los productos transportados

b) Para proteger los derechos de los transportistas y los clientes

c) Para fomentar la competencia entre empresas de transporte

3.10. ¿Qué tipo de seguros se utilizan comúnmente en el transporte internacional para proteger contra pérdidas y daños?

a) Seguro de vida

b) Seguro de transporte de mercancías

c) Seguro de salud

3.11. ¿Por qué es importante el embalaje adecuado en el transporte de mercancías?

a) Para aumentar los costos de transporte

b) Para proteger las mercancías durante el transporte

c) Para reducir el tiempo de entrega

3.12. ¿Qué medidas se pueden tomar para garantizar la seguridad en el transporte de mercancías?

a) Utilizar embalajes resistentes

b) Contratar guardias de seguridad armados

c) Ignorar los protocolos de seguridad

3.13. ¿Qué factores influyen en las tarifas de transporte?

a) Solo la distancia recorrida

b) Tipo de mercancía, distancia, tiempo y tipo de transporte

c) Solo el tipo de transporte utilizado

3.14. **¿Qué es el flete?**

a) El costo total del transporte de mercancías

b) La tarifa por el transporte de una unidad de mercancía

c) Un tipo de embalaje utilizado en el transporte

3.15. **¿Cuál es una de las formas más comunes de calcular el flete en el transporte marítimo?**

a) Por peso del embalaje

b) Por volumen de la carga

c) Por distancia recorrida

3.16. **¿Qué significa el término *intermodalidad* en el contexto del transporte internacional?**

a) Utilizar un solo modo de transporte para todas las etapas de un envío

b) Utilizar múltiples modos de transporte en una cadena logística

c) Utilizar vehículos de diferentes capacidades para transportar mercancías

3.17. **¿Cuál es una de las principales ventajas de la intermodalidad en el transporte de mercancías?**

a) Mayor complejidad en la gestión logística

b) Reducción de costos y tiempos de entrega

c) Mayor riesgo de daño a las mercancías

3.18. **¿Cuál es una de las desventajas del transporte aéreo en comparación con otros modos de transporte?**

a) Mayor capacidad de carga

b) Mayor velocidad

c) Costos más altos

3.19. **¿Qué documento se utiliza para el transporte ferroviario de mercancías?**

a) Conocimiento de embarque

b) Carta de porte ferroviario

c) Manifiesto de carga

3.20. **¿Cuál es uno de los beneficios de la subcontratación de transporte?**

a) Menor flexibilidad en la gestión de la cadena de suministro

b) Reducción de costos operativos

c) Mayor control sobre los plazos de entrega

3.21. **¿Qué tipo de vehículo se utiliza comúnmente para el transporte de mercancías refrigeradas?**

a) Camión cisterna

b) Furgoneta

c) Contenedor refrigerado

3.22. **¿Qué es un conocimiento de embarque?**

a) Un contrato de transporte

b) Un documento de identidad del conductor

c) Un documento que certifica la recepción de las mercancías por parte del transportista

3.23. **¿Qué función cumple el seguro de transporte de mercancías?**

a) Proteger contra pérdidas y daños durante el transporte

b) Cubrir los costos de impuestos de importación

c) Garantizar la entrega puntual de las mercancías

3.24. **¿Por qué es importante la seguridad en el transporte de mercancías peligrosas?**

a) Para evitar retrasos en la entrega

b) Para proteger la salud pública y el medio ambiente

c) Para reducir los costos de transporte

3.25. **¿Qué es un contenedor ISO?**

a) Un tipo de embalaje especializado para productos frágiles

b) Un estándar internacional para contenedores de carga

c) Un método de embalaje utilizado en el transporte marítimo

Bibliografía

- Cabrera, Alfonso. *Transporte internacional de mercancías*, ICEX.

- García Tríus, Albert. *Los 100 documentos del comercio exterior*, Editorial Global Marketing.

- Llamazares, Olegario. *Incoterms 2020*, Editorial Global Marketing.

- Ortega Giménez, Alfonso. *Guía Práctica de contratación internacional*, 3.ª edición, ESIC.

- Pérez Cabello, Miguel. *Las aduanas y el comercio internacional*, 4.ª edición, ESIC.

Sitios web

- Cámara de Comercio de España:
  www.camara.es

- Cámara de Comercio de Madrid:
  www.camaramadrid.es

- Diccionarios de Comercio Exterior:
  www.wto.org/spanish/thewto_s/glossary_s/glossary_s.htm

- Economipedia:
  www.economipedia.com

- Ministerio de Trabajo y Economía Social:
  www.insst.es/normativa/sector-servicios/transporte

- Ministerio de Transportes y Movilidad Sostenible:
  www.transportes.gob.es/transporte_terrestre/normativa-vigente-en-materia-de-transporte-terrestre

- Normativa actualizada 2023 Taric:
  www.taric.es/soporte/documentos-normativa/

- Parlamento Europeo:
  www.europarl.europa.eu/portal/es

- Resto de Conceptos para utilizar en comercio exterior:
  www.wto.org/spanish/thewto_s/glossary_s/glossary_s.htm

- Universidad Europea (s.f.). *Apartados docentes de Comercio Exterior:*
  www.universidadeuropea.com

- Universidad UNIR (s.f.). *Apartados docentes de Comercio Exterior:*
  www.unir.net

- Wikipedia:
  https://es.wikipedia.org